그리스 문명

차례
Contents

그리스, 그리스인

강렬한 태양과 푸른 바다가 빚어낸 나라

그리스를 둘러싸고 있는 지중해는 예로부터 '건강에 좋은 유쾌한 지역'으로 인식되어왔다. 상대적으로 비가 잦고 안개가 많으며 추운 서북부 유럽인들은 이곳에서의 휴가를 큰 소망으로 여기고 있을 정도이다. 그리스는 지중해성 기후이다. 특히 봄여름의 태양은 거의 하루도 빠짐없이 푸른 하늘에서 장렬하게 타오르며 대지를 비춘다. 눈부시고 청명한 햇살은 윤곽이 뚜렷한 그림자를 남긴다. 건축학자들은 둥근 세로선의 홈을 낸 기둥이나 양각으로 된 조각품 등의 그리스 양식이 이에 영향을 받았다고 생각한다.

고대 그리스에서는 5월 1일을 '여름의 첫날'이라고 불렀는데, 항해와 군사작전은 주로 여름철을 기다려 이루어졌다. 매일 태양이 눈부시게 타면서 비 한 방울 오지 않는 날들이 계속 이어지는 6월에는 온 들판이 누렇게 변한다. 마치 우리네 가을 들판과 마주한 듯한 느낌이다. 늦가을과 겨울에는 비가 집중적으로 내리고, 크게 춥지도 않다. 이런 까닭에 겨울이면 오히려 온 들판이 푸른 풀로 뒤덮인다.

강렬한 햇살, 푸른 하늘, 온화한 기후는 사람들을 옥외로 끌어내었다. 그리스인들은 노천에서 물건을 사고팔며, 민회를 열고, 극을 상연하였다. 그들은 무엇보다도 토론과 대화를 사랑하였다. 이는 그리스인들이 남겨놓은, 지붕 아래 벽 없는 기둥이 주축이 된 건물, 야외극장과 장터, 경기장 등에서 알 수 있다. 지금도 그리스인들은 레스토랑이나 '타베르나'라 불리는 전통 음식점을 즐겨 찾는다. 그들은 실내보다는 실외의 좌석을 선호하며, 닥지닥지 붙어 있는 테이블과 의자에 서로 밀착해 앉아서는, 커피 한 잔을 앞에 두고도 몇 시간씩이나 토론을 벌인다.

같은 지중해의 이탈리아나 이베리아 반도에 비해 그리스는 산지가 많아 땅이 척박한 편이었다. 산들은 지역에 따라 생김새가 매우 다르다. 아테네 근교의 산은 야트막한 언덕 같지만 펠로폰네소스 반도 스파르타의 타이게토스 산이나, 델포이 근처의 파르나소스 산, 올림푸스 산은 험준할 정도로 높고 준수하다. 또 테살리아의 메테오라 바위산들은 평지에 홀연히 장엄하게 돌출해 있어서 매우 인상적이다.

　땅도 지역마다 달라서, 테살리아 지역이나 스파르타는 비옥한 데 비해, 아테네는 너무나 척박했다. 자연히 아테네인들은 일찍부터 곡물을 구하려고 바다로 나섰다. 그래서 그리스인들의 신화 세계는 지중해를 중심으로 이베리아 반도 남단의 지브롤터 해협에서 흑해와 카스피 해 사이의 코카서스 산맥 지역까지로 넓게 걸쳐 있다.

　그리스는 전체적으로 물이 잘 빠지는 토양이어서 곡물 대신 과수 재배에 유리하다. 주요 품종인 올리브를 비롯하여 포도, 무화과, 살구, 체리, 수박, 참외, 레몬, 오렌지 등 탐스런 과실이 계절에 따라 다양하게 생산된다. 농업 생산물은 현재 그리스의 주요 수출품이다. 그 중에서도 올리브는 뿌리가 길고 잎이 가늘어서, 땅의 수분은 최대한 빨아들이는 한편, 여름 햇볕에는 최소한의 수분만 뺏기는 특성을 지녔다. 따라서 올리브는 이오니아 해의 케르키라(혹은 코르푸) 섬에서 스파르타의 아크로폴리스, 크레타 섬에 이르기까지 그리스의 거의 전역에서 발견된다. 그리스를 여행하다보면 발끝까지 머리를 풀어헤친 듯한 카키색의 수많은 올리브나무를 곳곳에서 발견할 수 있다.

　무엇보다도 그리스 하면 바다와 섬들이 떠오른다. 바다의 수온이 크게 변하지 않고 플랑크톤이 많지 않기 때문에 그리스의 바다는 늘 깨끗하고 푸르게 보인다. 우리나라의 다도해처럼 그리스에도 수천 개의 섬들이 있다. 그 섬들은 각기 저마다의 역사와 애환을 지니고 있다. 우리나라의 제주도에 버금가는 가장 큰 섬 크레타를 위시하여, 사라져버린 대륙 아틀란티스였을 것으로 추측되는, 하얀색으로 뒤덮인 산토리니 섬, 신혼여행지로 손꼽히는 로도스 섬, 여류시인 사포의 고향 미틸리니 혹은 레스보스 섬, 피타고라스의 고향이자 정열적인 춤과 음악으로 유명한 사모스 섬, 의료의 신 아스클레피오스의 고향 코스 섬, 오디세우스의 고향 이타카 섬, 미국인과 유럽인이라면 누구나 가고 싶어하는 케르키라 섬, 지금은 사람이 살지 않는, 아폴론 신의 성지였던 델로스 섬 등 하나하나마다 온갖 신화와 이야기를 담은 섬들이 에게 해와 이오니아 해의 온 바다에 흩어져 있다. 특히 에게 해는 '섬들의 고향'이라 불릴 만큼, 수많은 크기의 다양한 섬들을 품고 있다.

그리스의 육지는 바다와 서로 긴밀하게 연결되어 있어서, 바다로부터 110㎞ 이상 떨어진 곳이란 없다. 조수간만의 차는 1m를 넘지 않아, 설사 겨울철에 폭풍우가 몰아쳐도 높은 파도는 좀처럼 일지 않는다. 당시에는 갈대나 나무로 배를 만들었는데, 목재로 배를 만들면 물 속에 오래 담가놓을 수가 없었으므로, 항해를 하다가 가끔 배를 뭍으로 끌어올려 말리곤 했다. 그러나 에게 해는 다도해이기 때문에 단순한 항해술로도 항해하기 쉽고, 배를 건사하기에도 적합하였다.

그리스 지역은 화산과 지진이 빈발하였던 지역이고 지금도 지진이 자주 일어난다. 그리하여 에게 해의 섬 중 티라, 즉 산토리니, 멜로스, 렘노스 같은 섬들은 화산섬이거나 화산의 요소를 지니고 있다. 특히 산토리니 섬은 큰 원추형의 섬이 완전히 폭발해 정상부가 날아가버리면서 바닷물로 속이 채워진 깊은 분화구가 생겼다.

그리스 문화를 읽는 세 가지 화두 : 미토스, 파토스, 로고스

흔히 서양사의 양대 조류를 헬레니즘과 크리스트교사상(혹은 헤브라이즘)이라고 할 때, 헬레니즘은 그리스 사상과 문화를 토대로 한 사상체계를 가리킨다.

오스만투르크 제국에 대항하여 일어난 1820년대의 그리스 독립운동 당시 영국, 독일, 프랑스 같은 유럽의 여러 나라와 지성인들은 그리스에 군대를 보내고 의용군이라고 자처하였다. 특히 바이런이나 쉘리는 그리스를 사랑하자는 필헬레니즘(Philhellenism) 운동을 전개하였다. 쉘리는 '우리 모두는 그리스인'이라고 외쳤다. 예술, 문학, 종교 등의 모든 뿌리가 그리스에서 나왔기 때문이다. 로마의 대표적인 문인 호라티우스가 '로마는 무력으로 그리스를 지배하였지만 오히려 그리스의 문화적 포로가 되었다'고 고백하였던 것처럼, 로마 제국도 문화적으로 그리스를 후대에 전달하는 양자(養子)로서의 역할을 충실히 담당하였다. 무엇이 그리스 문화로 하여금 서양 문화의 토대를 이루게 하였던가? 그리스 문화는 서양 문명 중 가장 먼저 발생한 문명이고, 인간이 사고할 수 있는 모든 가능성과 한계를 시험해보았으며, 사람의 정신 속에 있는 영원한 가치와 아름다움을 여러 통로로 구현하고 있었기 때문이라고 볼 수 있을 것이다. 혹은 이에 관한 담론이 다른 어떤 문명보다도 널리 기억되고 유통되고 재생산되면서 전해내려왔기 때문일 것이다.

그리스 문명 하면 우선 생각나는 것은 그리스 신화 및 이를 토대로 한 그리스 비극 같은 문학, 혹은 올림픽이나 소크라테스, 스파르타식 교육 등이다. 이 글에서는 우리에게 잘 알려진 주제들을 중심으로 고대 그리스인과 그 역사를 살펴보고자 한다. 이 모든 것들을 아우르고, 그리스 문화를 선명하게 특징지을 수 있는 포괄적 개념으로 미토스, 파토스, 로고스를 꼽고 싶다.[1]

신화의 미토스

그리스 신화의 현대적 의미

고대 그리스 문학과 사상의 풍요성을 설명하기 위해서는 신화가 맡았던 역할을 먼저 언급하지 않을 수 없을 것이다. 요즈음 초등학교 학생들 사이에서는 그리스 신화에 관한 만화책이 대 유행이다. 심지어 그리스 신화를 모르면 왕따를 당한다고 한다. 이는 우리나라의 초등학생뿐 아니라 연령과 지역을 초월한 세계적인 현상인 듯하다. 신화란 단어는 이 시대를 읽는 하나의 코드가 되었다. 지구상의 모든 민족과 나라는 저 나름의 아름다운 신화를 가지고 있다. 그러나 그리스 신화가 양과 질에서 풍성하고 높은 예술적 가치를 가진다는 점에서, 그

것이 어느 신화보다도 뛰어나다는 데는 대체적으로 동의가 이루어지고 있는 것 같다. 신화의 인기가 높아진 데 대해서는 여러 가지 해석이 가능하다.

우선 근대에 와서 과학적, 합리적 사고가 지나치게 강조되었던 데에 대한 반동으로 신화적 감수성이 강조된 결과라고 보는 입장이 있다. 즉, 관찰과 검증을 주로 하는 과학적 사고에 신화를 통한 직관과 상상력을 보완함으로써 보다 통합적이고 전일적인 사고를 갖는 데 도움이 될 것이라고 보는 것이다. 이와는 달리 신화의 유행을 신자유주의자들의 음모라고 해석하는 입장도 있다. 사람들에게 신화라는 허구적이며 비현실적인 도피구를 제시함으로써 현실 정치에 대한 불만과 관심을 다른 곳으로 유도하려는 사회적인 메커니즘에 의해서 신화에 몰입하게 된다는 해석이다. 또 하나의 해석은 현대 첨단 기술의 발달로 인하여 나타난 사이버 공간이라는 매체 환경이 신화적 상상력을 키워주었다는 입장이다. 게다가 이를 통한 신화의 재현 또한 가능하게 됨으로써 신화적 사고가 더욱 인기를 끌게 되었다는 것이다.

신화에 대한 관심은 사실 지금이 처음은 아니다. 19세기 초에 신화에 대한 관심이 높았던 적이 있었다. 민족주의라는 시대정신과 관련하여 신화는 각 민족적 에토스와 관련된 것으로 여겨졌고, 여러 가지 신화 해석방법이 나타났다. 그러나 20세기로 접어들면서 점차 신화에 대한 관심은 식었다가, 1960년대 이후 구조주의자들의 출현과 함께 신화는 다시 담론의 초

점이 되기 시작하였다.

신화에 대한 정의나 관점은 매우 다양하다. 고대의 극작가 플루타르코스는 미토스를 '진리의 태양에 선 무지개'로, 19세기 전반기의 헤인느(Heyne)는 '특정한 집단정신의 발로이자 이를 기억하게 해주는 도구'로 보았다. 또한 조지 켐벨은 이를 '공적(公的)인 꿈'으로, 해리슨은 '드라마적 의례의 시나리오'로, 엘리아데는 '아주 오래전에 일어났던 사건에 관한 신성한 이야기'로 각각 정의 내렸다.

그리스 신화를 보는 관점으로는, 실제로 살았던 왕이나 영웅들이 신이 되었다는 에우헤메리즘의 신화 실재설과, 천둥이나 번개 등 자연의 현상과 힘들이 신으로 표현되었다는 막스 밀러식의 자연 신화 학설이 있다. 또한 인간에게 교훈을 주기 위하여 신화를 만들었다는 율리아누스식의 교훈설, 인간의 욕망적 관점에서 보는 프로이트식의 심리학적 해석방법, 종교적 의례에서 시작하였다는 프레이저류의 해석방법, 레비스트로스류의 구조주의적 해석방법 등 다양한 해석방식이 있다.

고대에는 오늘날 같은, 불핀치의 『그리스 로마 신화』나 『이윤기의 그리스 로마 신화』 같은 책은 물론 없었다. 신화의 이야기들은 호메로스의 『일리아스』 『오디세이』, 헤시오도스의 『신통기』, 기원전 5세기경의 헤로도토스의 『역사』, 그리스 비극작가들인 아이스킬로스, 소포클레스, 에우리피데스 등의 작품들, 기원전 3세기 아폴로니오스의 『아르고나우티카』, 기원전 2세기의 아폴로도로스의 신화 모음집, 기원전 1세기의 파우사니아스의 『그리스 여행기』, 로마의 오비디우스의 그리스 로마 신화집인 『변신 *Metamorphosis*』, 아풀레이우스의 『황금 당나귀 *Metamorphosis*』 등 고대 작가들의 다양한 글 속에 실려 있다. 이러한 이야기들이 오늘날 각 편집자 나름대로의 관점에서 취사선택되어 그리스 로마 신화집으로 만들어지는 것이다.

그리스 로마 신화의 중요한 특징은 로마 시대 시인 오비디우스나 아풀레이우스의 『변신』이라는 책 제목에서 잘 드러난다. 신화의 주인공들은 항상 변신한다. 신들이 황금 소나기로, 흰 황소로, 비둘기로 변신하며, 인간이 수선화로, 월계수로, 암소로, 곰으로 변한다. 즉, 신과 인간과 동물과 자연이 서로 경계가 없이 '변신'한다. 이는 헬레니즘 문화와 함께 서양 문화의 원류를 이루는 크리스트교와 선명히 대비되는 특징이다. 크리스트교의 세계관에 변신이란 없다. 하나님은 하나님, 인간은 인간, 동물은 동물, 자연은 자연이다. 딱 한 번 하나님의 아들 예수 그리스도가 인간으로 오신 적이 있을 뿐이다. 그리스 로마 신화는 또한 동양의 신화와도 구별된다. 그리스 신들은 변신을 하더라도 미남미녀가 되어 '인간적'인 모습이 주를 이루는 데 비해서, 동양의 신화는 무시무시한 괴물이 많이 등장하는 '자연 중심적'인 특징을 보여준다.[2]

오늘날 흔히 신화는 미토스이고, 과학은 로고스(이때 로고스는 인문과학과 자연과학을 포괄하는 지식 체계)라고 구분되곤 한다. 옛날에 많은 신화들이 그랬듯이 오늘날은 과학이 우리를 둘러싸고 있는 자연계를 설명한다. 그러나 과학은 인간에게 어느 정도 자연을 지배할 수 있는 힘을 주긴 하지만, '왜'라는 물음에 대해서는 충분한 대답을 하지 못하는 것 같다. 레비스트로스에 의하면, 과학은 과학적 사고를 통해 인간이 자연을 지배할 수 있게 만든 반면, 신화는 인간에게 우주를 이해할 수 있다는 상상력과 환상을 주었다. 레비스트로스는 모순과 분리를 모르는 원초적 합일의 세계, 이성과 쾌락이 이율배반이 되지 않는 세계로서의 그리스 신화의 중요성을 말했다. 독일 신학자 불트만(R. Bultmann)이 신들 이야기의 진정한 목적은 객관적 세계상을 제공하는 것이 아니라, 인간들이 세계 속에서 자신을 이해하는 방식이라고 한 것도 같은 맥락에서 이해될 수 있다. 야스퍼스는 과학을 현대의 미토스로 보았다. 또 아인슈타인은 종교가 없는 과학은 마비될 것이며, 과학이 없는 종교는 눈이 멀 것이라고 하였다. 이는 신화와 과학이 서로 단순한 갈등관계가 아니라 서로 공존할 수 있는 상호보완적인 관계에 있다는 의미이다. 푸코 역시 부르주아 사회의 생명은 합리성, 효율성, 기술성, 생산성이라고 말하며, 이의 대안으로 고대 그리스 사회를 제시한다. 실제와 환상, 역사와 신화, 자연과 인간의 구분이 있기 이전, 이성과 몰이성, 로고스와 미토스가 의좋게 짝지었던 시대로의 복귀를 주장한 것이다.

이러한 그리스 신화가 오늘날 부르주아 사회에서 중요한 자본주의적 아이템을 제공해주고 있다는 점은 재미있는 현상이다. 디오스 냉장고, 나이키 신발, 헤라 화장품, 비너스 속옷, 박카스, 모네타 카드, 요구르트 이오, 아침에 먹는 시리얼, 그리고 아폴론 우주선을 피해서 살 수 없는 우리는 크고 작은 그리스의 신들 속에 파묻혀 살고 있는 중이다.

미노스 문명, 미케네 문명과 트로이 전쟁

요즈음 브래드 피트 주연의 「트로이」라는 영화가 인기를 얻으면서 서방뿐만 아니라 터키에서도 소아시아 트로이 지역에 대한 관심이 높아지고 지원을 강화하고 있다고 한다. 사실 트로이의 인기는 새로운 일이 아니다. 세계 제국을 세운 로마인들 스스로가 자신들의 조상을 트로이 출신의 아에네아스라고 생각하였던 것이다. 로마 제국 이후 나타난 유럽의 많은 나라들도 트로이와 자신의 역사를 연관시켰다. 예컨대 16세기의 프랑스인 장 르메르 데 벨쥬는 트로이의 왕자 헥토르의 장남 프랑쿠스가 피신하여 센 강변에 와서 나라를 건설한 것이 프랑스의 기원이 되었다고 하였다. 한때 유럽에서는 '모든 문명은 트로이에서 시작되었다'는 트로이 시원설이 유행한 적도 있었다. 여기서 흥미로운 것은 그리스인이 남겨놓은 문화유산 때문에 트로이의 역사가 후대에 전해지게 되었다는 점이다. 물론 영화 「트로이」도 호메로스의 『일리아스』를 바탕으로 한 것이다.

『일리아스』는 자매작 『오디세이』와 『플루타르코스 영웅전』 그리고 성서와 함께 서양인들에게 가장 널리 읽히던 책이었다. 트로이 전쟁에 관한 이야기는 문학적 상상력에 의해 만들어진 허구로 간주되어왔다. 이에 반해 이를 역사적 사실로 믿고 고고학 발굴을 시작하였던 이가 19세기 독일의 하인리히 슐리이만이다. 그는 『일리아스』에서 보이는 서술을 바탕으로 1871년 터키 히사를리크 언덕 유적 발굴에 성공함으로써 트로이 전쟁에 대한 역사적 실재성에 대한 가능성을 높여주었다.

그 뒤에도 프린스턴 대학의 블레겐(C.W. Blegen)에 의해 발굴은 계속되었다. 한편 되르펠트(W. Dörfeld)는 트로이 유적지를 선사시대부터 로마시대까지 아홉 개의 도시층으로 구분하였다. 최하층인 일층은 석기에서 금석병용기 시대에 속하는 초기 문화층이며, 기원전 2500~2200년에 속하는 이층에서는 큰 성과 성문, 목조 건물, 황금 왕관 등이 출토되었다. 삼, 사, 오층은 별다른 특징이 없다. 육층은 기원전 1200년경의 것이며, 팔층은 그리스 식민기의 유적층, 구층은 로마 식민기의 유적층이다.

슐리이만은 이층에서 불탄 흔적을 발견하여 이것이 트로이의 유적층이라고 믿었지만, 현재는 육층 혹은 칠층을 트로이로 보고 있다. 육층의 흔적이 트로이 전쟁의 전설과 연대가 부합하는데다가 성벽의 바로 안쪽에 도시의 주변을 에두르는 넓은 길을 가지고 있기 때문이다. 이는 트로이에 관한 호메로스의 변함없는 수식구인 '넓은 길을 가진 트로이'의 모습과도 일치하는 것이다. 이들 성벽 중 한 곳이 유달리 약했는데, 이 역시 트로이 함락의 날을 연상케 한다.

트로이 전쟁의 원인에 대해서 호메로스는 트로이의 미남 왕자 파리스가 그리스 최고의 미녀 헬레네를 유혹하였기 때문이라고 말한다. 헤로도토스도 아시아와 유럽의 분쟁이 시작된 배경에는 서로 간에 이오나 헬레네 등 여성들에 대한 납치 사건이 있었다고 한다. 이에 대해 여자의 납치는 구실이고, 실제로는 경제적 패권 다툼에 기인한다는 무역 전쟁설이 있다. 즉, 미케네와 트로이가 흑해로 통하는 해상권을 둘러싸고 싸웠다는 것이다. 그러나 트로이에 배가 있었던 흔적은 없다는 이유에서 이는 부인되며, 나아가 전쟁 기간이 10년이었다는 서술도 사실과 다른 것으로 보인다. 그 외에도 해적 전쟁설 등 여러 가지가 있는데, 가장 흥미로운 것 중의 하나는 페이지(D. Page)의 설이다. 그에 의하면 다다넬스 해협의 교통과 전략상의 요지에 위치한 트로이를 중심으로 히타이트 제국과 미케네 두 세력이 대립하고 있었다. 그러다 반란이 일어난 동쪽 지방으로 히타이트의 힘이 쏠리게 되자, 미케네가 진출하기 시작한 것이 트로이 전쟁이라는 주장이다.

그러나 핀리(M.I. Finley)는, 트로이는 미케네의 침략이 아니고 북방의 침략을 받았으나 후일 미케네로 와전되었다고 본다. 반면 와트킨스는 최근 히타이트 문자를 조사하여 트로이인의 언어는 인도유럽어인 루비아어인데, 언어학적인 증거로 미루어보아 실제로 미케네인이 건너왔을 것이라 믿었다.

그리스인들 중 가장 먼저 그리스 땅으로 들어온 미케네인들은 펠로폰네소스 반도 남단에 자리잡았다. 그 부근의 중심지로는 아르골리스, 티린스, 필로스, 오르코메노스 등이 있었다. 슐리이만은 소아시아 히사를리크 언덕의 트로이에 이어 그리스의 미케네, 티린스 등지를 발굴하는 데도 성공하였다.

미케네는 밀의 산지로 농업이 발달하였으며, 인력 또한 풍부한 지역이었다. 『일리아스』의 함선표에는 미케네가 백육십오 척, 필로스가 구십 척, 티린스가 팔십 척의 배를 파견하였다고 하는데, 이로 미루어보아 미케네는 해상 제국은 아니었지만 상업도 활발하고 함선도 있었던 것으로 보인다. 미케네의 아크로폴리스는 불규칙한 삼각형의 대지(300m×200m)에 자리잡고 있다. 사자문(獅子門)이라고 불리는 유명한 좁은 문을 거쳐서 아크로폴리스 안으로 들어가면 오른쪽으로는 원형의 묘터가 보인다.3)

미케네인들은 말과 수렵, 전차, 전사, 소, 궁녀 등의 그림을 남겼다. 이 그림들은 (조금 뒤 서술하게 될) 크레타 문명의 그것에 비해 자유롭지 못하고 사실력이 약한데다 형식화되는 경향이 강하며, 색채 또한 탁하다. 그러나 박력이 있으며, 전투적인 경향이 강하다. 도자기 역시 크레타보다 수준이 떨어지는데, 자연스러움에서 벗어나 도안화, 형식화되어 있다. 그러나 호메로스가 '금이 풍부한 미케네'라고 하였듯이, 황금 가면을 비롯한 호화로운 귀금속에서 보이는 조각 기술은 매우 탁월하다.

크레타 및 1939년 메시나에서 출토된 많은 도판들을 계기로 미케네 문자라고도 불리는 선문자 B가 해독되었는데, 이를 통해 왕, 장군, 관리, 노예 등 계급 제도가 있었으며, 올리브유가 수출되었다는 사실을 알게 되었다. 통치 체제로서는 와낙스라고 불리는 왕이 있었고 촌락의 수장으로서 바실레우스가 있었다. 바실레우스들은 미케네 문명 파괴 후 독립하여 폴리스를 세우는 데 주축을 담당하면서 왕이 되었다. 토지 소유 형태에 있어서는 공동 소유지를 추첨(kleros)으로 할당하였던 것으로 보인다.

미케네 문명은 대략 기원전 12~11세기에 몰락하였던 것으로 추측된다. 미케네 몰락에 대한 전통적 해석은 철기를 가진 도리스족의 이주 과정에서 파괴되었다는 것이다. 혹자는 무역풍에 따른 장기간의 가뭄에서 그 원인을 찾기도 하며, 지진과 화산 폭발 등의 자연 재해설에 주목하는 이들도 있다. 여하튼 미케네 문명은 소모적이었던 트로이 전쟁을 기점으로 정치적, 군사적으로 기울기 시작하였고, 이것이 공동체 사회 및 관료 조직의 붕괴로 이어진 것으로 보인다. 미케네 문명의 파괴는 그 이전의 크레타 문명이나 그 이후의 로마 제국의 쇠망보다 더 규모가 컸던 것으로 평가받기도 한다.

그런데 트로이와 미케네 사이의 전쟁 훨씬 이전에 나타나 꽃을 피운 지중해 문명이 있었다. 이는 바로 크레타 섬을 중심으로 한 최초의 완전한 해양 문명인 미노스 문명이다. 미노스라는 이름은 전설적인 강력한 왕 미노스에서 유래한다. 흥미롭게도 그리스 문명의 모태가 된 에게 해 문명의 주인공 미노스는 페니키아, 즉 아시아의 한 나라와 유럽이라는 이름의 기원 신화와 관련되어 있다.

유럽이라는 이름의 기원에 대해서는 여러 가지 설이 있다. 가장 널리 알려진 것은 지금의 레바논쯤에 해당하는 페니키아의 왕녀 에우로파 혹은 에우로페에 관한 것이다. 페니키아 왕 아게노르의 딸 에우로페의 아름다움에 반한 제우스는 헤르메스에게 명하여 그녀를 바닷가로 유인했다. 제우스는 두 개의 황금 뿔을 가진 하얀 황소로 변신하여 그녀에게 접근하였다. 점차 그녀가 두려움을 풀고 황소 등에 올라타자마자 제우스는 지중해를 건너 크레타 섬에 그녀를 데리고 갔다. 거기서 그녀는 미노스를 비롯한 아이들을 낳았다. 후일 크레타 섬의 수도가 되었고, 고르티나 법전으로도 유명한 고르티나에서 발견된 주화의 한쪽 면에는 작은 플라타너스 나무에 앉아 있는 에우로페가, 뒷면에는 황소 모습의 제우스가 새겨져 있다. 아끼던 공주를 잃어버린 페니키아 왕은 분노하여 왕비와 왕자들에게 명령을 내려 공주를 찾지 못하면 돌아오지 말라고 엄명을 내렸는데, 결국 아무도 페니키아에 돌아가지 못하였다. 그 중 왕자 카드모스는 그리스 테바이에 정착하여 그들에게 문자를 가르쳐주었다고 하는데, 이는 페니키아 문자가 서양 알파벳의 기원이 되었다는 설과 맞물려 있다. 후일 페르시아 전쟁이 벌어졌을 때 테바이가 아테네나 스파르타와 달리 페르시아에 협조적이었던 것은 그 심성이 기원적으로 아시아 쪽과 보다 가까워서였기 때문은 아니었을까.

유럽이라는 이름 자체가 아시아의 한 왕녀에게서 비롯된 것일 수도 있다는 설정은 유럽 문명이 지중해를 통한 아시아와의 관련 속에서 시작되었을 것이라는 점을 시사한다.[4]『그리스 문화사』를 쓴 키토(H.D.F. Kitto)에 의하면, 크노소스, 라브린토스, 코린토스 등 '아소스(assos)'나 '에소스(essos)'로 끝나는 단어들은 그리스에서 기원한 단어가 아니다. 또 바다를 뜻하는 그리스어 '쌀라사(thalassa)'가 그리스어가 아니듯이 바다의 신 포세이돈도 그리스에서 유래한 신이 아니라고 본다. 이 또한 에게 해 문명과 아시아 쪽과의 바다를 매개로 한 문명의 교류 가능성을 강하게 보여준다.

미노스 문명 혹은 크레타 문명은 전기(BC 3000~2100), 중기(BC 2100~1600), 후기(BC 1600~1100)로 나뉘는데, 우리에게 잘 알려진 크노소스 궁전기는 기원전 약 1700~1400년경을 중심으로 발달하였다. 크노소스의 궁궐터를 발굴한 사람은 에반즈(A. Evans)이다. 에반즈에 따르면 당시 크레타의 인구는 팔만 이천 명 정도였고, 이들은 이집트의 제18·19왕조와 시리아, 페니키아 등과 교역하였다. 크노소스의 궁궐터는 마치 미궁을 연상케 하는 여러 개의 복도와 1,400개 정도의 방으로 구성되었던 것으로 추정된다. 크노소스 궁전의 건축술, 토관에 의한 수도, 수세식 화장실 시설, 채광 시설 등은 그 수준이 상당히 높다. 그러나 이런 거대한 건축물이 종교적 권위나 왕권을 과시하는 것은 아니며, 성벽 또한 없다는 점은 특기할 만하다.

특히 크노소스 궁전은 프레스코 채색 벽화들로 유명하다. 프레스코화는 돌 벽에 흰 회칠을 한 뒤, 회가 다 마르기 전에

크레타 벽화 중 백합왕자(◀)와 크레타 여인들(▲).

색을 입히는 기법이다. 전체적으로 흰빛이 감도는 은은한 색
감을 주며, 필요에 따라 회칠의 두께가 달라지므로 상당히 입
체적이다. 백합왕자, 돌고래, 여인 등 세련된 벽화들이 많이
발견되는데, 특히 여성들은 '파리지엔느(파리 여성)'라는 별명
이 붙을 만큼 세련되어 보인다. 아름다운 옷 밑으로 가슴이 노
출되어 있다든가, 과감한 화장을 하고 모자를 쓰고 있기도 하
다. 이외에도 자수가 놓인 구두나 하이힐을 신고 있기도 하며,
코르셋을 착용하고 금속제 벨트를 매어 개미허리를 연출하고
있다.

이러한 우아하고 명랑한 화풍은 벽화뿐만 아니라 조각상과,
채색 도자기, 큰 항아리, 수많은 인장 등에서도 확인된다. 소
재의 특징은 인물이나 동물을 동적으로 묘사하고, 자연이나 인
생을 밝게 표현하고 있다는 점이다. 그림의 주제로는 기하학적

문양—원, 연와(煉瓦), 파상(波狀)—과, 화초류, 중소 동물, 해양, 궁정생활, 남녀들의 군상—특히 여성들—등이 있으며, 사나운 동물의 모습은 보이지 않는다. 사람들은 유럽인에 가깝게 보이지만 가무잡잡한 피부에 아시아인의 모습도 조금 섞인 것 같다. 전체적으로 우아하고 평화적이며 대상이 형식화되지 않은데다 자유롭고 색채가 밝으며 경쾌하다. 신앙의 대상으로는 양날 도끼, 뱀의 여신상 등이 보이며, 신전은 보이지 않는다. 아마도 승려 계급의 신분은 따로 없었던 것 같다. 창고에서는 문자가 새겨진 수천 개의 도자기 편들이 발견되었는데, 거기에는 신성문자, 상형문자, 선문자 A와 B가 씌어 있다.

미노스 문명은 반인반우(半人半牛) 괴물 미노타우로스와 뗄수 없는 관계를 맺고 있다. 미노타우로스는 미노스라는 왕 이름과 타우로스, 즉 소라는 단어가 합성된 언어로서, 20세기에 와서도 이는 예술가들 사이에서 상징적으로 널리 사용되고 있다. 미노타우로스 신화의 줄거리는 대강 다음과 같다. 크레타섬 미노스 왕의 왕비 파시파에는 포세이돈이 보낸 소를 보고 반하게 된다. 이 소는 포세이돈이 자신을 기만한 미노스를 징벌하기 위해 보낸 것이었다. 소를 향한 불타는 욕정을 가지게 된 파시파에는 당시 최고의 장인 다이달로스에게 부탁하여 나무로 된 암소 형상을 만들고 그 안에 들어가 소와 관계를 가진다. 그 사이에서 미노타우로스라는 반인반우가 태어난다. 이 미노타우로스는 다이달로스가 설계한 라비린토스라는 미궁에 살면서 아테네에서 보내진 아이들을 잡아먹다가 아테네

의 건국자 테세우스에
의해서 퇴치된다.

미노타우로스를 퇴치
한 영웅인 테세우스의
아버지는 에게우스이다
(그 이름에서 에게 해라
는 바다 이름이 나왔다).
에게우스는 서남쪽 지방
트로이젠의 왕녀를 임신
시키고 아티카 지방으로
되돌아온다. 테세우스는
훗날 성장하여 아버지 에
게우스를 찾아 아티카로

미노타우로스를 죽이는 테세우스.

간다. 쉬운 해로를 피하고 육로로 오는 도중 많은 괴물들을 만
나 처치하기도 한다. 그 괴물 중 하나가 프로크루스테스이다.
이 괴물은 침대를 가지고 있다가 행인을 붙잡아서, 그 사람이
침대보다 키가 작으면 잡아 늘려서 죽이고 크면 큰 만큼을 잘
라내서 죽인다. 후세에 '프로크루스테스적 논법'이라는 말을
낳기도 한 괴물이 곧 이것이다. 테세우스는 만나는 괴물마다
행인을 괴롭히던 그들의 방식대로 괴물을 물리치며 아티카에
도착한다. 계모의 계략과 방해가 있었지만 그는 마침내 아버지
에게우스와 감격적인 해후를 한다. 그 당시 에게우스와 아테네
시민들에게는 큰 고민이 있었다. 바로 크레타 섬의 미노스 왕

에게 해마다 아테네의 소년 소녀 일곱 명씩을 공물로 보내야 했기 때문이다. 아이들은 반인반우 미노타우로스가 사는 미궁 라비린토스에 던져져 그에게 잡아먹혔다. 테세우스는 크레타 섬에 보내지는 소년 공물의 일행이 되기를 자청하고, 미노스 왕의 공주 아리아드네의 도움으로 실타래를 잡고 미궁에 들어가 마침내 미노타우로스를 처치하고 돌아온다.

그러나 크레타 문명과 테세우스의 이야기는 실은 같은 시기의 일이 아니며, 테세우스가 훨씬 후대의 인물이다. 미노타우로스 이야기는 다만 황소로 대표되는 바다 쪽의 부족이, 아테네의 테세우스로 대변되는 육지의 부족에게 밀리는 형세를 상징화한 것일 수도 있다. 황소는 포세이돈의 상징이며, 파시파에가 사랑에 빠진 황소도 포세이돈이 보낸 것이기 때문이다. 혹은 17세기의 비코는 이 신화를 고대 무역과 항해술의 상징으로 여겨, 미노타우로스를 해적단으로, 그가 살았던 미궁을 에게 해로, 실타래를 든 아리아드네를 해상술로 해석하기도 하였다.

실제로 에반즈가 발굴한 크노소스 궁전에서는 미노타우로스 신화를 뒷받침이나 하듯이 소와 관련된 유물들이 다수 출토되었다. 위압적인 아름다움과 위엄을 자랑하는 황금의 소 두상이나 마치 소의 둘레에서 곡예를 하는 듯 역동적인 포즈를 취한 사람들의 벽화를 비롯하여, 인장, 인형 등에서도 소에 관한 문양이 특히 많다. 특히 '미노타우로스'란 별명이 붙은 인장에는 버티고 선 두 다리만 사람일 뿐, 꼬리와 머리, 앞발과 상반신이 소인 반인반우의 형상이 그려져 있다.

많은 사람들은 이를 미노타우로스 신화와 연관시켜 여러 가지로 해석한다. 예컨대 에반즈의 해석에 따르면, 황소는 비옥함을 가져다주는 우주적 상징이며, 황소 놀이는 봄철의 신성한 제전이다. 해리슨은 이것이 미노스와 타우로스(소)의 합성어인 데 착안하여 크레타 섬의 왕 미노스가 황소의 탈을 쓰는 제례의식을 가졌다고 해석하였다. 이때 소는 풍족한 농경을 상징하며, 이 의식은 대지의 풍요와 관련이 있다. 그 외에 콕스는 폭풍우, 번개 등의 자연 현상을 신격화한 것으로 해석하였다. 허친슨은 황소 주변에서 곡예하는 소년들의 벽화 그림에 주목하여, 미노타우로스 신화는 크레타 섬에 유행하였던 황소 경기를 상징하였다고 보았다.

여하튼 크레타 종교의 핵심이자 숭배의 대상은 라브리스, 즉 양날 도끼이다. 미노타우로스가 살았다는 미궁의 이름 자체

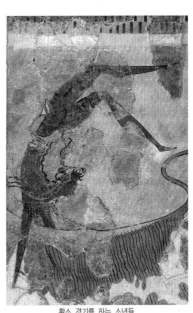

황소 경기를 하는 소년들.

가 이에서 파생된 라비린토스, 즉 '양날 도끼의 방'인데, 이 양날 도끼란 소의 두 뿔을 상징한다고 보는 설이 일반적이다.

기원전 3000년 초에서 기원전 1400년까지 크레타 섬, 특히 크노소스가 에게 세계의 찬란한 문명 중심지였던 것은 명백한 것으로 보인다. 이와 관련하여 나타난 것이 미노스 해상 제국설이다. 헤로도토스는, 미노스 왕이 원할 때 키클라데스 군도에서 공물 대신 선박을 받는 등 자신의 세력을 확대하였다고 말한다. 투키디데스도 미노스 왕이 함대를 보유하고 곳곳에 기지를 설치하여 그의 아들들을 통치자로 임명하였으며, 일대의 해적들을 소탕했다고 주장함으로써 이를 지지한다. 미노스는 최고의 지배자로서, 함대를 소유하고 키클라데스를 비롯한 그리스의 거의 모든 바다를 지배하였다는 것이다. 크노소스 궁전을 발굴한 에반즈도 미노스 해상 제국설을 지지하였다. 후기 미노스 1-2기에서 보이는 크노소스 궁전의 규모가 방대하지만 성벽이 없고, 희랍 본토의 에게 해 일대 유물이 크노소스 유물과 양식에서 일치한다는 점을 들어, 성벽을 쌓을 필요가 없었을 만큼 세력과 영향력이 컸다고 본 것이다.

크레타 문명의 파괴에 대해서, 에반스는 이것이 지진에 의한 파괴라고 주장한다. 마리나토스 역시 산토리니 섬의 화산 폭발로 발생한 해일과 지진 때문이라고 여긴다. 기원전 1500년경에 일어난 산토리니의 폭발은 사상 최대의 화산 폭발 중 하나로서, 히로시마에 투하된 원폭의 백만 배에 달하는 위력을 지녔던 것으로 평가된다. 그러나 산토리니의 폭발은 미노스 문명을 약화시키기는 하였으나 파괴할 정도는 아니었던 것으로 여겨지기도 한다. 앞서의 테세우스 신화로 미루어보아, 쇠퇴 원인으로서 그리스 본토 쪽으로부터의 공세도 무시할 수가 없을 것이다.

디오니소스와 오르페우스

흔히 그리스인들의 종교는 현세적, 인간 중심적으로 알려져 있다. 그리스 열두 신은, 좀 높긴 하지만 여전히 지상인 올림푸스 산정에 산다. 올림푸스 신들은 특별한 종교적 사제 집단도, 이론 체계도, 종교 경전도 따로 없다. 고대의 그리스인들은 하데스가 지배하는 지하 세계를 믿고 있었지만, 그들이 사후의 세계에 대해서 관심이 많았다고 보기는 어렵다. 그리스 종교의 기능은 훈계를 통한 도덕성의 고양이 아니라 제의를 통한 안정과 만족감에 있었다. 신들은 그 외모라든지 연애하고 속이며, 질투하고, 화를 내는 감정에 있어 인간과 같다. 다른 점이 있다면 암브로시아를 먹고 넥타를 마시면서 영원히 살며, 헤파이스토스 신을 제외하고는 모두가 완벽한 미남미녀라는 점이다. 즉, 그리스의 신들은 정신적, 윤리적, 무형적 속성에서가 아니라 힘, 아름다움, 불멸성 등의 외적 능력에서 인간보다 탁월하다. 따라서 그리스 사회에서의 신의 개념을 기독교의 하나님과 같은 개념으로 파악하려면다면 이는 잘못이다.

이들 신들의 세계는 인간의 지상 세계를 그대로 투영하고 있다. 제우스를 비롯한 신들은 가족관계로 구성되어 있다. 즉, 제우스와 하데스, 포세이돈, 헤라, 데메테르 등은 남매간이다. 실제로는 제우스가 제일 막내이지만 먼저 태어난 형과 누나들이 크로노스의 뱃속에 있다가 제우스의 도움으로 토해내졌으므로 제우스가 제일 맏이가 된 셈이다. 이 중 제우스와 헤라는 부부간이며 둘 사이에 태어난 유일한 자녀는 아레스이다. 이 밖에 아폴론과 아르테미스는 제우스가 레토에게서 얻은 남매이다. 한편 아테나는 제우스의 머리에서 튀어나온 어머니 없는 처녀 전사인 반면, 대장장이 신 헤파이스토스는 헤라 혼자서 출산한 다리를 저는 추남이다. 이처럼 가족들로 구성된 그리스 신들의 계보는 당시 그리스 전통 사회의 귀족적 가부장제 현실이 신들의 세계에 투영된 것으로 해석된다.

제우스적인 신들의 세계가 전통 사회를 반영한 것이라면, 아이스킬로스의 『오레스테스 3부작』 중 『자비의 여신들』에서 코러스들에 의해 '젊은 신'으로 불린 아폴론은 상공업자들의 수호신 격으로 보인다. 상공업이 발달하고 부유한 상공업자들의 세력이 커지면서 아폴론의 인기도 점차 높아지고 그의 성지인 델로스 섬이나 델포이 신탁도 더욱 영향력이 커진다. 그러나 이보다 더욱 후기로 올수록 두각을 드러내는 신은 디오니소스 신이다. 억압된 민중이나 여성의 해방자적 신인 디오니소스는 따라서 빈민의 수호신 격이다. 아테네 민주정이 발달하면서 디오니소스 신의 인기도 절정에 이르며, 그리스 극문화도 디오니소스 축제와 함께 발전한다. 디오니소스 신은 우리에게 '마시자 박카스'의 신으로, 또 포도주의 신으로도 잘 알려져 있다.

디오니소스 신은 호메로스의 작품에는 거의 등장하지 않는다. 또 사람에 따라서 올림포스 열두 명 주신(主神) 속에 넣기도 하고 빼기도 한다. 이렇듯 그는 일종의 '아웃사이더'였으나 고대 종교사에서 매우 중요하고 복합적인 의미를 지니고 있는 신이다. 디오니소스는 니사의 디오스(제우스) 혹은 디오스의 아들이라는 뜻이다. 전통적 디오니소스 관련 신화에서 어머니는 세멜레로 알려져 있다. 테바이의 건설자인 카드모스와 여신 하르모니아 사이에서 태어난 세멜레는 제우스의 사랑을 받고 아이를 잉태한다. 이를 질투한 헤라의 음모로 세멜레는 제우스에게 그의 본 모습을 보여주기를 간청하게 되고, 결국 제우스의 화염에 불타 죽었다. 제우스는 임신 중이었던 세멜레의 아기를 끄집어내어 자신의 넓적다리에 넣어 길렀다. 그리하여 태어난 아이가 바로 디오니소스이다. 헤라의 집요한 추격을 피해 제우스는 디오니소스를 니사 산에 보냈고 거기서 성장하였다. 니사 산이 어디 있는지는 정확하지 않다. 니사라는 이름을 가진 산이 많은데다, 그것들이 모두 디오니소스의 성장지임을 주장하기 때문이다.

헤라의 복수 때문에 미치게 된 디오니소스는 이집트와 아시아 각 지방을 방황하다가 소아시아의 프리기아 지방에 이르러, '신들의 어머니' 키벨레에게서 치유받고 종교의식도 전수받는다. 디오니소스는 인도까지 여행을 계속하면서 포도 재배

법을 가르쳤다. 니사의 요정들과 판(목축신), 사티로스(희극의 신), 그리고 디오니소스의 숭배자 집단인 마이나데스(디오니소스를 따라다니는 여자요정)들이 항상 그의 곁을 지키고 있었다. 성인이 된 디오니소스는 어머니 세멜레를 위해 지하 세계로 내려가 그녀를 구출하고, 그녀가 올림푸스 산에 살 수 있도록 하였다. (디오니소스의 어머니 세멜레라는 이름은 프리기아 지방의 언어로 저승의 여자라는 의미이다.)

이상에서 알 수 있듯이 디오니소스는 외래 신으로 보이는데, 세멜레의 아버지 카드모스가 원래 페니키아의 왕자였다는 점은 그의 출신이 동방과 무관하지 않으리라는 추측을 낳게 한다. 다만 크레타 섬의 선문자에도 디오니소스의 이름이 있는 점으로 미루어보아, 에게 해 주변에서도 디오니소스는 일찍부터 숭배되었음을 알 수 있다. 디오니소스는 리디아, 프리기아, 메디아, 아라비아 등지를 편력하였다고 하며, 복장도 그리스풍, 트라키아풍, 오리엔트풍 등으로 다양하게 묘사되고 있다. 후일 알렉산드로스 대왕은 인디아 원정 당시 디오니소스 신을 자처한 적이 있었다. 이는 디오니소스가 처음으로 인디아를 원정하였다고 알려져 있었기 때문이었는데, 알렉산드로스는 제2의 디오니소스로 선전되었다.

신화와 문학에 보이는 디오니소스는 격정의 신이다. 나아가 디오니소스 주신제(酒神祭)의 황홀경은 사회적 규율에 억눌려 마음속 깊은 곳에 가려 있던 본능의 발로이다. 디오니소스 숭배는 특히 그리스 여성들의 해방과 관련된다. 집 안에 억압되어 살던 여성들은 디오니소스 축제 때만은 집 안에서 풀려나 들판으로, 산으로, 계곡으로 뛰어다녔다. 그의 외래성과 격렬성 때문인지 디오니소스 숭배에 대한 반발도 없지 않았다. 디오니소스를 박해하다가 자신의 어머니 아가우에에게 환각 속에서 찢겨 죽는 테바이의 펜테우스 왕이 그 대표적인 예이다.

디오니소스 숭배의식의 궁극적 목적은 박코스(Bacchos)가 되는 것, 즉 신 디오니소스와 일치하는 것이었다. 거기에는 두 가지 방법이 있었는데, 하나는 원래의 전통적 방법으로 열광적인 주신제를 통하는 것, 다른 하나는 오르페우스식 금욕주의를 택하는 것이었다. 1987년 펠린나에서 발견된 금으로 만들어진 서판에는 이렇게 씌어 있다. "페르세포네(오르페우스교에서의 디오니소스의 어머니)에게 박코스가 당신을 자유롭게 했다고 말해라." 이 서판에서 읽을 수 있듯이, 디오니소스 숭배와 오르페우스 종교는 매우 밀접한 관련을 가진다. 헤로도토스는 오르페우스와 디오니소스(박코스) 축제를 동일시하고 있다.5) 또, 디오도로스는 오르페우스의 할아버지 카룹스가 디오니소스를 도와주었는데, 이를 고마워한 디오니소스가 그에게 자신의 비교(秘敎)를 전수하였다고 말한다. 오르페우스교에서 디오니소스의 이름은 디오니소스 자그레우스이며, 세멜레의 아들이 아니라 페르세포네의 아들로 나온다.

대지의 여신 데메테르가 제우스와 관계해서 낳은 딸인 페르세포네는 다시 아버지 제우스와 관계하여 디오니소스를 낳는다. 어린 디오니소스를 티탄족이 과자로 꾀어 유괴해서 그를 요리해 먹었는데, 간신히 남은 심장을 아테나 여신이 구해서 다시 디오니소스로 재생시켰다. 화가 난 제우스에 의해 티탄은 타서 재가 되어버린다. 디오니소스를 먹은 거인족의 타버린 재로 인간을 만들었으므로 인간성 속에 신성과 야만성이 동시에 존재하게 되었다고 한다. 혹은 데메테르(또는 아폴론)가 시체의 나머지 부분을 모아 디오니소스를 소생시켰다고 하는 설도 전한다.

음악감상실 이름으로나, 프랑스 영화 「올페의 비가」로도 잘 알려진 올페, 즉 오르페우스는 트라키아 지방 출신으로 호메로스 시대 이후, 그러나 고전기가 끝나기 전에 살았던 인물로 보인다. 가장 널리 알려진 신화에 의하면, 오르페우스는 그리스 역사상 최고의 시인이자 음악가로 알려져 있다. 그가 노래를 부르고 연주하면 동물들이나 나무들까지도 귀를 기울였다고 한다. 그는 아르고나우테스의 모험에도 참가하여 음악으로 아이손이 황금 양털을 얻는 것을 도와주었다. 오르페우스는 에우리디케를 열렬히 사랑하여 결혼을 하였으나 곧 그녀는 뱀에 물려 죽어버렸다. 사랑하는 그녀를 찾기 위해 오르페우스는 저승까지 찾아갔다. 저승으로 가는 스틱스 강의 뱃사공인 카론도, 저승의 개 케르베로스도, 저승의 왕과 왕비 하데스와 페르세포네까지도 그의 음악에 감동받았다. 그는 한 가지 조건하에 에우리디케를 데리고 나오는 것을 허락받았다. 그 조건은 지상에 도달하기까지 에우리디케를 돌아다보아서는 안 된다는 것이었다. 그러나 그는 거의 다 왔을 때 너무 보고 싶은 마음에 이를 지키지 못하였고, 에우리디케를 다시는 되찾지 못하였다.[6] 사랑하는 여인을 잃은 그는 다른 여성들을 전혀 거들떠보지 않았고, 이에 모욕감을 느낀 여인들이 그를 갈가리 찢어 죽여버렸다. 그의 머리만이 바다로 떠내려가다가 레스보스 사람들이 건져서 매장해주고 신전과 신탁소를 세웠다고 한다.

아리스토파네스는 『개구리』에서, "전래의 역사를 보라. 오르페우스는 종교로 인간을 가르쳐 죽음과 야만으로부터 인간을 구했다"면서 오르페우스교의 종교적 전통을 높게 평가한다. 회당은 원래 디오니소스 숭배에서는 중요한 것이 아니었으나 기원전 3세기 말경에 많이 늘어나는데, 이때쯤 오르페우스가 디오니소스 밀의의식의 중심으로 등장한다. 오르페우스는 디오니소스 밀교의 신봉자인 동시에 개혁자였다고 볼 수 있는데, 그 때문에 전통 디오니소스 제식을 선호하던 신자들로부터 배척당했던 것으로 보인다.

새로운 오르페우스 종파의 특징은 아폴론 숭배가 도입된 점이다. 실제로 오르페우스는 아폴론적 요소가 많은데, 신화에 따라서 아폴론의 아들로 그려지는 점이나, 음악의 달인으로서의 자질이나 문화적인 태도, 예언자적 자질 등이 그것이다. 핀다로스는 오르페우스가 아폴론에게서 보내졌다고 말한다. 아이스킬루스의 작품 『리쿠르고스』에서도 오르페우스는 아폴론과 연결되어 있다. 에라토스테네스는 오르페우스가 디오니소스보다 아폴론을 더 큰 신으로 여겼으며, 아침마다 일찍 일어나 산에 올라가 태양이 떠오르는 것을 맨 처음 맞이하려고 하였다고 말한다. 즉, 오르페우스가 열렬한 아폴론 숭배자가 되었으므로, 디오니소스 숭배자들은 배신감에 못 이겨 오르페우스를 갈기갈기 찢었다는 것이다. 이는 죽은 아내만 생각하고 다른 여성들을 돌아보지 않아서 화가 난 여성들에게 찢겨서 죽었다는 전통 신화를 생각게 한다. 이런 의미에서 오르페우스는 원래 디오니소스적인 것에 아폴론적인 요소를 가미하여 개혁하려 했던 것으로 볼 수 있겠다. 혹은 디오니소스가 보다 자연의 본능에 가깝다면 오르페우스는 좀더 승화된 인간문화를 상징한다.

레르나와 트로이젠과 델포이에 그려진 그림에는, 디오니소스가 지하 세계에 내려가 올림푸스 신들의 세계로 세멜레를 데려오는 모습이 묘사되어 있다. 디오니소스는 신들 중 무덤의 석관에 가장 많이 나타나는 신으로, 가끔 노인이면서 동시에 젊은이의 모습으로 함께 그려지기도 한다. 이는 자신이 죽었다가 다시 살아나기도 했지만, 어머니 세멜레도 살려낸 데서, 재생의 능력이 있었다고 여겨졌기 때문이다.[7] 디오니소스 종교는 갈수록 밀의의식으로 발전하였다. 신도들은 디오니소스 밀의의식을 통하여 이 세상에서 보호를 받고 죽어서도 영원히 산다고 믿었다. 밀의의식 후보자들은 모두 통과제례를 거치도록 되어 있었는데, 입교의식은 지하 세계로 하강하여 죽임을 당한 후 새로운 삶으로 환생하기까지의 과정을 모방하는 것이다. 동굴이나 작은 암굴들이 지하 세계로의 하강을 모방하기 위해서 사용되었다. 디오니소스는 황소의 모습을 한 것으로 생각되었기 때문에[8] 디오니소스의 수난을 재현하기 위해 신도들은 황소를 죽이고 그 살을 날것으로 먹었다. 디오니소스의 스승 실레노스나 아기 디오니소스를 죽이는 티탄 등의 역할을 맡은 사람들이 가면을 쓰고 입교자들의 밀의의식을 도왔다.

디오니소스 밀의는 엘레우시스 밀의와도 유사했다. 먼저 일주일 동안 정결의식을 행한 후에 양과 염소를 희생 제물로 바쳤다. 그리고 나서 포도주를 마시고 생고기를 먹고 춤을 추며, 플루트, 팬파이프, 심벌즈, 캐스터네츠, 탬버린 등의 악기로 흥을 돋우었다. 혹은 동물 가죽을 입고, 디오니소스의 상징인 담쟁이로 뒤덮인 막대기를 흔들기도 하였다.[9]

전통적 디오니소스-오르페우스교, 디오니소스-피타고라스학파, 엘레우시스 의식 등과 연관되는 디오니소스 숭배는 그 주된 신봉자가 사회적으로 열등한 여성과 하층민이었으며 내세적이고 신비로운 성격을 담고 있었다. 바로 이 점에서 디오니소스 숭배는 그리스의 전형적 올림포스 신앙과 구별된다.

열정과 고통의 파토스

그리스인의 정신을 지배하였던 것은 미와 자유를 향한 정열, 파토스였다. 선한 인간은 영(靈)과 육(肉)이 동시에 아름다운 인간이었다. 따라서 그리스인의 경우 미학적 영역과 윤리적 영역이 정확하게 구분되지는 않는다. 그리스인의 파토스가 가장 선명하게 드러나는 것은 육신과 영혼의 아름다움을 추구한 체육 경기, 춤, 성애(섹슈얼리티) 등이다.

그리스 최고의 제전, 올림피아 제전

그리스 최고의 공동 제전은 올림피아 제전이었다. 이는 그리스인들의 윤리관이나 가치관 등의 이념을 잘 구현하고 있었다. 따라서 그리스 공동체를 유지하는 문화적인 틀이 되었으며, 사회적 통합을 수행하는 정치적인 기능에서도 중요한 몫을 담당하였다. 펠로폰네소스 반도의 엘리스라는 조그만 마을에서 시작된 올림피아 제전은 오늘날은 전 세계인이 즐기는 세계의 축제가 되었다. 현대 올림픽과 다른 점은 그리스의 경기는 시와 예술의 요소가 함께하였다는 점이다. 그리스인들은 시와 예술과 노래의 우아함을 격렬한 운동 경기에 접목시킴으로써 야성적인 경기조차도 감성적으로 조화시켰다. 경기도 하나의 예술작품이었던 것이다. 에트루리아인이나 로마인들의 피가 뚝뚝 떨어지는 검투 경기에 비해, 그리스인의 체육 경기야말로 인생 투쟁을 유희 형식으로 바꾸어놓은 단적인 예이다.

체육 경기의 기원에 대해서는 논란이 많다. 『일리아스』를 보면 아킬레우스의 친구 파트로클레스가 죽었을 당시 이를 위로하기 위해서 아킬레우스가 상품을 내걸고 경기를 벌이는 장면이 나온다. 경기는 일종의 장례의식의 일환으로 시작되었던 셈이다.

그리스에는 엘리스의 올림피아 제전 이외에도 피티아, 네메아, 이스트미아 제전 등 4년 만에 한 번 혹은 2년 만에 한 번씩 열리는 축제들이 있었다.[10] 이들 축제들은 모두 유명하였으며 축제일을 기해서는 모든 전쟁 행위가 중단되었다. 지역에 따라 특성과 준수 수준에 차이가 있지만, 보통은 몇 달 전부터 휴전이 선포되고 경기가 진행되는 동안 무기 사용은 금

올림픽 스타디움 입구.

지되었다. 경기에 참여하는 사람은 누구든지 아무런 장애 없이 그리스를 여행할 수 있었다. 이를 어기면 무거운 벌금이 부과되었다. 여러 제전 중에서 가장 규모가 컸던 것은 물론 올림피아 제전이다.

올림피아 제전에 대해서는 신들의 왕 제우스가 첫 경기를 베풂으로써 그 기원이 되었다고도 하고, 영웅 헤라클레스 혹은 전차 경기에서 승리하여 히포다미아 공주를 차지했던 왕 펠롭스가 그 기원이라고도 한다. 초기에는 종교적인 제전의 성격이 강하였다. 초기의 올림픽 스타디움은 제우스 신의 성지였고, 선수는 신의 제물이 되는 상징적 의미로 제단 쪽으로 달렸다. 그래서 경주의 출발점인 서쪽에서 제우스의 제단까지 통로가 개방되어 있었고, 다른 삼면은 비탈지게 만들어 관중에게 자리를 제공하는 형식을 취했다. 그러나 후기로 오면서 제단으로 가는 통로를 벽으로 막고 비탈지게 축조하였다. 이는 점차 종교성보다 경기 자체를 더 중요하게 생각하게 되었다는 것을 나타낸다.

아주 초창기에 한동안 올림픽 경기가 중단된 적이 있었다. 올림피아 근처의 피사와 엘리스가 서로 싸웠기 때문이었다. 그랬더니 펠로폰네소스에 전염병이 유행하였다. 엘리스의 이피토스 왕이 전령을 보내 신탁을 물었을 때 다음과 같은 말씀이 내렸다. "그대들의 조국을 살찌게 하고 전쟁을 일으키지 말 것이며 제전을 개최하여 우정을 두텁게 하라." 결국 이피토스는 피사 사람들과 싸움을 끝내고 올림피아 경기를 부활시켰다고 한다. 그 시기는 정확하지 않지만, 올림피아 경기의 부활은 정치적으로 평화를 위한 것이라 할 수 있다.

우승자의 이름은 기원전 776년에 처음 나타난다. 따라서 이 해를 최초의 올림픽 경기 개최 연도로 잡는다. 그 이후부터 기원후 393년 로마 제국에 의해서 강제로 폐지되기까지, 한 번도 빠짐없이 약 천 년 동안이나 4년마다 7월 하순이나 8월에 대회를 개최하였다.

초기의 올림피아 제전은 엘리스 주변의 지역 폴리스만으로 한정되었고 종목도 스타디온 경기만 하였다. 그러다가 점차 그리스 전역의 폴리스들이 참여하게 되고, 경기 종목도 확대되었다. 트랙을 왕복으로 달리는 디아울로스 경기에 이어서 장거리 달리기인 돌리코스 경주가 도입되었다. 달리기, 멀리뛰기, 원반던지기, 창던지기, 레슬링 등의 오종 경기(pentathlon)는 기원전 708년에 도입되었다. 이후 권투, 경마,

권투하는 아이들. 티라 섬의 벽화.

판크라티온(pancratium, 손과 발 등을 모두 사용한 것으로 레슬링과 권투의 중간 형태), 전차 경주가 추가되었다. 나중에는 나팔수와 전령을 위한 경기도 추가되었다. 그리스뿐 아니라 소아시아, 남이탈리아, 시칠리아, 리디아, 이집트, 키레네 등 전역에서 이곳을 찾아왔다. 올림피아는 전 그리스인들에게 만남의 장소가 되었으며, 도시 국가 사이의 협약과 조약도 여기서 이루어졌다. 예술가, 시인, 철학자들은 올림피아 경기를 통해 자신의 재능을 알렸으며, 장사하는 이들은 이를 물건을 전시하거나 파는 기회로 삼았다

올림피아의 심판관인 헬라노디카이는 자주색 예복을 입고 엘리스의 특별 생활 구역인 헬라노디카이온에서 경기 시작 전부터 십 개월을 지냈다. 이 기간 동안 경기에 관한 지식을 배우는 한편, 감찰 업무를 맡아 선수들의 적격성 여부를 판단하였다. 경기 참가 자격은 처음에는 그리스의 혈통을 가진 자유민 출신으로 품행이 방정한 사람에게 제한되었는데, 이들이

종교상의 죄를 범하고 있지 않는지, 휴전을 저해하지 않았는지, 근친상간[11]의 죄는 없는지를 감찰하였다. 심판관들도 뇌물을 받지 않고, 공정하게 심판을 볼 것이며, 선수들의 합격, 탈락 사유를 일반인에게 누설하지 않을 것을 서약하였다. 경기시에는 경기 우승자를 확정하고, 시합이 끝나는 즉시 종려나무 가지를 수여하고 우승자 명부에 등록하는 일도 맡았다. 종려나무 가지는 맨 마지막 5일째 되는 날 올리브관을 주기까지 우승자임을 드러내기 위한 것이었다. 종려나무의 생(生)가지는 무겁게 내리누르면 오히려 저항하여 튀어오르는 성질이 있다. 그래서 압박에 대하여 굴복하지 않는 상징으로 종려나무 가지가 수여되었다고 플루타르코스는 전한다.

참가하려는 경기자들은 김나시온에서 30일간 훈련을 하였다. 이는 체류 비용이 적거나 다른 선수들보다 현저하게 기량이 부족한 이들을 사전에 기권하게 만드는 선수 숫자의 조정 효과도 있었다. 제전 경기의 첫날 운동선수와 심판, 친척들은 손에 벼락을 쥐고 있는 제우스의 상 앞에서 선서를 하였다. 경기의 규칙을 어긴 사람에게는 벌금이 부과되었다. 스타디움의 입구에는 이 벌금으로 세워진 상들이 있는데, 그 첫 비문에는 '올림피아에서는 빠른 다리와 체력으로 이길 수 있지, 돈으로는 이길 수 없다'고 새겨져 있다. 선수들이 승리하면 전령은 선수의 이름, 아버지의 이름, 도시의 이름을 외쳤으며 올리브관을 수여하였다. 여기에는 오늘날처럼 은메달도 동메달도 없었고, 오로지 한 명의 승자만 있을 뿐이었다. 패자들은 동료나 동향인 누구에게서도 환영받지 못하였고, 심한 패배감을 안고 돌아가게 마련이었다.

올림피아 경기 중 권투 경기는 오늘날처럼 라운드로 구분된 것이 아니어서 쉬는 시간도 없이 지중해의 뜨거운 햇빛 아래서 물 한 모금 마시지 못하고 승패가 가려질 때까지 경기를 진행하였다. 어느 한쪽이 한 손가락을 들어 경기를 포기한다는 표시를 하면 경기가 종료되었다. 그러나 경기를 포기하기보다 죽음을 택하는 경우가 많았다고 한다. 스파르타는 대중 앞에서 패배를 시인하는 것을 불명예스럽게 생각하여, 권투나 판크라티온 경기에 스파르타 시민이 참가하는 것을 금지시키기도 하였다.

올림픽 우승자에게 최종적으로 수여된 상은 야생 올리브 가지로 만든 관(cotinos)이었다. 엘리스의 전통 신화에 의하면 헤라클레스가 올리브를 이식해왔다고 한다. 혹은 7회 이전의 우승자에게는 원래 빨간 사과를 상으로 주었는데, 이피토스 왕이 델포이의 신탁에 따라 야생 올리브관으로 바꾸었다고 한다. 헤라클레스가 올리브를 이곳에 심었다는 전설에 따른 것이다. 올림피아 경기에서 이긴 우승자의 명성은 그리스 세계 전역으로 퍼져나갔고, 열광적인 환영을 받았다. 우승자에게 주어진 영예는 갈수록 커져서 마치 큰 전쟁에서 이기고 돌아오는 장군의 대접을 받았다. 특권과 대우는 도시마다 달랐다. 무료 식사가 제공되고, 포상금이 주어졌으며, 세금도 면제되고 공공장소의 기념 석주에 이름이 새겨져 특별대우를 받았다. 혹은 평의회의 명예직을 받기도 하고 다른 도시들의 명예 시민권이 부여되기도 하였다.

스파르타의 경우, 우승자들에게는 전쟁시 왕의 곁에서 싸울 수 있는 자격이 주어졌다. 경쟁이 심해지자 우수한 선수를 유치하기 위해 상금을 내걸기도 하고, 이를 노린 직업 선수도 등장하게 되었다. 크로톤 출신 선수 아스틸로스가 기원전 488년 달리기 경주에서 2관왕을 차지했을 때, 크로톤 사람들은 그에게 조각상을 세워주고 집을 주었다. 그러나 4년 뒤 아스틸로스가 시칠리아 왕을 위해 시라쿠사인의 자격으로 올림픽에 나가자 크로톤 사람들은 화가 그의 나서 조각상을 부수고 그의 집을 감옥으로 만들었다고 한다.

김나시온의 팔레스트라[12]에서의 신체 훈련은 전쟁시 활약할 전사의 육성이라는 측면에서도 유용하였기 때문에 더욱 확산되었다. 운동 경기의 인기는 페르시아 전쟁 때 절정에 달했는데, 동방의 이민족 무리를 제압한 것도 훈련된 자유 도시민의 신체 단련의 결과였다고 믿어졌다.

그런데 김나시온이라는 말이 '벌거벗은'이라는 뜻의 'gymnos'에서 나온 것에서도 알 수 있듯이, 이들은 나체로 운동을 하였다. 올림피아 제전에서도 선수들이 나체로 경기하였다고 널리 알려져 있는데, 처음부터 그랬던 것은 아닌 것 같다. 자기 아들의 경기를 보고 싶어서 트레이너로 변장한 한 어머니가 여자임이 밝혀진 사건 이후로 감독도 경기장에 나체로 출입해야 하는 법이 통과되었다는 파우사니아스의 이야기이나, '페리조

43

마'라고 해서 남성의 급소 부분을 가리고 경기하는 그림들이 도자기 등에 그려져 있는 것으로 보아, 나체 경기가 일반화된 것은 비교적 후대의 일인 듯하다. 투키디데스에 의하면 최초로 나체 경기를 한 사람은 스파르타인이었다.

　오늘도 기록을 단축하기 위해서 운동화에서부터 세세한 부분까지 신경을 쓰는 것으로 미루어보아서, 그 당시 스파르타인은 나체가 기록 단축에 보다 유리하다고 판단하였을 것이다. 그러나 어떤 학자들은 페리조마 탓에 걸려서 넘어진 선수들 때문이라고도 하고 혹은 페르시아 전쟁 때문이라고도 본다. 헤로도토스, 투키디데스 플라톤 등 여러 작가들의 글을 통하여 볼 때, 리디아, 페르시아 등의 아시아 쪽 사람들과 다른 그리스인의 특징은 나체의 건강함이었으며, 나체를 부끄러워하는 것은 야만인의 표시로 인식되었던 것을 알 수 있다.

　또는 나체 경기가 나타나게 된 배경을 민주정의 관점에서 파악하기도 한다. 김나시온의 팔레스트라에 나체 경기가 도입된 것은 더 꾸밈없고 자유롭고 민주적인 생활을 추구하는 일환이었다는 것이다. 나체로 훈련함으로써 그들이 이상으로 추구하는 군살 없는 체격과 황갈색 피부의 신체미를 기를 수 있었고, 의복의 차별이 없어지는 효과도 가지고 있었다는 것이다. 플라톤은 나체가 그리스인의 합리적 사고의 결과라고 보았다. 실제로 그리스의 조각들을 보면 남근을 그대로 다 드러낸 남성 전신 조각들을 많이 볼 수 있다. 그리스인들은 오히려 옷을 입고 감추는 것을 결함이라고 생각하였던 것이다. 그리스인들이 생각하였던 성의 개념과 나체에 대한 생각들은 오늘날과 달랐을 것임에 틀림없다.

섹슈얼리티(性愛)

고대 그리스 시대에는 어떤 종류의 사랑도 포괄적으로 인정되었고, 사회 법률적 제재가 적었던 것으로 보인다. 쾌락주의, 양성섹스, 최음제, 선정주의, 색정광, 수간 등의 단어들은 모두 그리스인들이 사용한 것이다. 이처럼 그리스어에는 성에 관한 용어들이 매우 발달해 있었다. 이러한 점은 그리스인들의 성에 대한 개방적인 사고와 관행을 드러내주는 듯하다. 아테네 각 가정의 정문에 있는 헤르메스의 머리를 바치는 집 기둥은 발기한 남근으로 장식되어 있었다. 또한 항아리나 접시 등의 도자기에도 온갖 자세로 성적 관계를 맺는 그림들을 쉽게 발견할 수 있으며, 아리스토파네스의 희극에는 다양한 성적인 용어와 동작을 묘사하는 것이 허용되었다. 무엇보다도 그들의 신화를 보면, 신들이 바로 그런 자유를 즐기고 있다. 그리스인들은 성적인 교섭을 '아프로디지아(aphrodisia)', 즉 '아프로디테의 일'로 보았다.

헤시오도스의 『신통기』에 의하면, 아프로디테는 크로노스가 낫으로 베어낸 아버지 우라노스의 성기에서 바다로 떨어진 피거품에서 태어났다. 그녀는 남편 헤파이스토스가 있지만 아레스와 바람을 피우고, 헤르메스와의 정사로 헤르마프로디토스라는 양성(兩性)을 가진 존재를 낳는다. 디오니소스와의 정사로는 프리아포스를 낳는데, 프리아포스의 페니스는 영원한 발기 상태에 있다. 이 모든 것이 그리스에서는 어린이들까지도 쉽게 접하는 신화 이야기에 나온다.[13]

그리스인들은 자위행위를 악습으로 보지 않았다. 남자들의 자위행위에 관한 언급은 문학작품에 많이 보인다. 여자들도 마찬가지였는데, 여자 동성연애자들은 트리바드(tribad)라고 불리었고, 특히 스파르타에서 성행하였다. 레스보스의 사포의 시는 상당히 선정적이다. 그래서 오비디우스는 그녀의 시에 대해, 사람들을 동성애로 유도하는 안내서라고 말하고 있다. 사포 덕분에 후일에는 트리바드보다 레스비아스가 여자 동성연애자들의 통칭이 되었다.

매춘(porneia)은 사회적으로 거의 규제받지 않았다. 간통(moicheia)은 모욕으로 받아들여졌으나, 매춘은 어떠한 법적 문제도 야기하지 않은 것이다. 국가와 사회관습은 아마도 매춘을 장려하였다고도 말할 수 있을 정도이다. 그러나 매춘으로 생겨난 자식은 아버지로부터 불명예스럽게 생각되고 법적으로 보호받지 못하였다. 매춘부들은 국가의 간섭 하에서만 결혼할 수 있었는데, 이는 도덕적인 이유에서보다 인구학적, 경제적 요인으로 설명될 수 있다. '창녀는 쾌락을 위해, 첩은 일상의 보살핌을 위해, 아내는 아이와 가사 관리를 위해서 필요하다'는 아테네 남성들에게 창녀들은 돈을 요구함으로써 복수하였다. 필루메나란 창녀는 애인에게 "이제부터 긴 편지를 보내서 날 괴롭히지 마. 나는 편지보다 금화가 필요해. 날 사랑하면 편지 말고 돈을 보내. 그럼 안녕"이라고 말했다고 한다.

교통이 빈번한 곳은 특히 사창업이 잘 되었다. 해운업이 번성한 코린트가 대표적이다. 아프로디테의 신전에는 신앙심 깊은 남자들이 기증한 여자들도 있

아프로디테와 판과 에로스.

었다. 아테네의 운동선수인 크세노폰은 '올림피아 경기에 이기게 해주면 많은 창녀들을 신전에 바치겠습니다'라고 서약하기도 하였다.

아테네의 고급 유녀(遊女)들은 '헤타이라이'라고 불리었는데, 재색을 겸비한 외국 출신 여인들로서 사교적 기교가 뛰어났다. 페리클레스는 밀레토스 출신의 아스파시아와 결혼하기 위해서 아내를 버렸다고 하며, 소크라테스도 그녀를 연모하였다고 한다. 그러나 아스파시아가 헤타이라이였다는 설은 지금은 부정되고 있다. 페르시아 키루스 대왕의 비밀첩자였던 이오니아 여인인 타르겔리아와 알렉산드로스 대왕으로 하여금

페르세폴리스를 불태우게 하였다는 아테네의 타이스는 모두 유명한 여성들이었다.

그리스의 동성애 관행은 오늘날 '커밍아웃'하는 동성애자들에게 이론적 토대를 제공해주고 있다. (동성애라 번역할 수 있는 하나로 된 단어 자체가 그리스에는 존재하지 않으므로, 이것이 내포하는 현대적 개념을 고대에 적용시키는 데는 무리가 따를 수 있다.) 파르메니데스는 남성과 여성의 씨가 만날 때 비율이 잘못 배합된 결과 여성 역할을 하는 남성이 생겨난다고 보는가 하면, 후기의 점성학은 모든 것이 별자리의 영향으로 생긴다면서 이것을 자연발생적으로 설명하고 있다. 아리스토텔레스는 그리스에서 동성애가 유행하게 된 배경에 대해, 인구의 증가를 억제하기 위해서 국가적으로 권장하였기 때문이라고 한다. 도자기에 동성애 관련 그림이 집중적으로 나타나기 시작하는 때는 기원전 6세기경부터이다.

스파르타와 테바이에서는 동성애가 전쟁에서의 승리와 관련되었다. 플라톤은 몇 명밖에 안 되는 연인들이라도 어깨를 나란히 하고 싸운다면 많은 적군을 패주시킬 수 있다고 한다. 왜냐하면 사랑하는 연인이 옆에서 싸운다면 애인을 버리고 도망하거나 무기를 버리는 일은 거의 없을 것이기 때문이다. 실제로 테바이의 가장 용감한 부대는 동성연애자들로 편성되었는데, 케로네아 전투에서 마케도니아의 필립포스에게 패배하기까지 수십 년 동안 승리를 계속하던 강력한 부대였다고 한다. 가끔 남성의 남성에 대한 사랑은 남성의 여성에 대한 사랑보다 훨씬 더 높게 평가되기도 하였다.

도우버(K. Dover)는 『그리스 동성애』(1978)라는 책으로 이에 관한 담론을 시작하였다. 그에 의하면, 그리스에서 동성애는 극히 자연스러웠던 성애의 형태로서, 특히 기원전 7~6세기경 남성들끼리의 동성애가 인기를 끌었다. 그러나 이는 귀족들끼리의 쾌락이었으므로, 민주정이 발달하면서 점점 사라지기 시작하였다. 이에 대해 할살(P. Halsall)은 여가생활을 즐기지 않았던 스파르타에서도 동성애가 강하게 존재하였음을 지적하면서, 이는 여가나 정치적 상황보다도 인구의 증가와 도시의 발달로 인한 결과로 보았다.

도우버 이론을 더욱 발전시킨 푸코(M. Foucault)는 『성의 역사』에서 그리스 로마 시대에는 동성애가 도덕적인 결함으로 비추어지지 않았으며, 이성애와 똑같이 자연스러운 유형으로 인식되었다고 본다. 푸코는 섹슈얼리티란 시대를 초월하여 (비역사적으로) 동질적으로 계속 존재해왔던 것이 아니라 18세기의 고안물이라고 주장하였다. 섹슈얼리티와 섹스라는 아이디어 자체가 사람들을 통제하기 위하여 어떤 예상되는 행동을 취하게 하는 일종의 문화적인 고안물이라는 것이다. 즉, 오늘날 우리의 섹슈얼리티에 대한 편견과는 달리 그리스 고대인들은 섹스를 도덕과는 무관한, 배고픔이나 갈증이나 수면욕 등과 같은 범주로 간주하였다고 보았다.

그리스 사회에서 비판받아야 할 부도덕한 성은 동성애가 아니라, 절제하지 못하는 과도한 성욕 혹은 다른 이의 성적 통

제 하에 들어가는 수동성이었다. 즉, 여자나 남자라는 섹스로
서 젠더가 나뉘는 것이 아니라, 소년이나 남자 성인이라도 성
적 결합시 수동적, 복종적인 역할을 취할 경우 여성적 젠더를
가졌던 것으로 인식되었다. 고대의 의학과 생리 이론에 의하
면 남자와 여자라는 두 개의 몸이 따로 있었던 것이 아니라
단 하나의 몸, 즉 남자의 몸만 있었으며, 여자의 몸은 결함이
있는 남자의 몸의 형태로 인식되었다.[14]

그러나 이러한 푸코류의 견해에 대한 비판자도 많았다. 하
비넥(T. Habinek)은 능동적이거나 수동적인 역할 분담을 푸코
가 말한 것처럼 그렇게 이분법적으로 나눌 수는 없으며, 수동
적인 입장의 인물이 능동적으로 변하여 쾌락을 추구하는 경우
도 고전기 아테네에서는 있었다고 보았다. 즉, 단순한 이분법
으로 파악하기보다는 복합적으로 고려해야 한다는 것이다. 또
한 성적인 접촉도 꼭 그리 자연스럽고 개방적이었던 것은 아
니었다. 성적인 접촉이 신전 안에서는 금지되었고, 성교 후에
정화를 지시하는 규정들을 그리스 종교의식에서 찾아볼 수가
있었다. 특히 4세기 말이 되면 성적인 용어들이 극도로 자제
되는데, 아리스토텔레스는 이러한 표현들을 아이스크로로기아
(aiskhrologia, 부끄러운 말)로 규정한다. 이러한 사례들은 그리
스인들의 성에 대한 이중적인 태도와 관념을 드러내며, 이에
대한 복합적인 접근이 필요함을 알 수 있다.

또한 코헨(D. Cohen)은 고대 그리스에서 동성애가 매우 자
연적이었다는 설에 이의를 제기하면서, 동성애를 바라보는 고

대인의 태도에서 보이는 애매모호함과 문화적 갈등요소를 강조한다.[15] 즉, 동성애에 대한 태도는 복합적이었는데, 어떤 곳에서는 불법적인 것으로 간주하였고, 어떤 곳에서는 허용하였다는 것이다. 플라톤의 『심포지움』에서, 파우사니아스는 "아테네 법은 이해하기가 힘든데, 소년애에 관한 법들과 사회관습들이 허용과 비난을 동시에 내포하고 있기 때문"이라고 한다. 『법률』에서는 동물들의 짝짓기와 자연을 여러 차례 비교하면서 이와 마찬가지로 남자와 여자 사이의 짝짓기가 자연스러운 것이라고 여긴다.[16] 아리스토텔레스도 남자는 여자와 짝짓는 것이 신체적으로 자연스럽고, 남자와 여자가 서로 합하여 가족을 형성하는 것이 자연스럽다고 여러 번 이야기한다. 아리스토텔레스에게 동성애는 질병 혹은 병리적인 것이다. 크세노폰에 의하면 남자를 '여자처럼 쓰는 것'은 오만방자함(hybris)이 된다(*Memorabilia*, 2, 1, 30).

요컨대 아테네의 동성애에 관한 이러한 관습과 규범들은 서로 모순적이다. 아테네 사회는 동성애를 금지하지도 않고 완전히 허용하지도 않은 채 일말의 우려를 나타내고 있었다. 즉, 동성애가 늘어나면 출산율의 저하로 폴리스가 붕괴되지나 않을까, 혹은 소년들이 수동적 태도를 취함으로써 남성적인 기질을 잃지나 않을까 걱정하고 있었다고 보인다. 한 문화는 동종의 단일체가 아니라는 점에서 아테네의 동성애에 대한 태도도 복합적이라고 볼 수 있다.

신이 만든 인간의 몸짓, 춤

오늘날 많이 열리는 학술 대회 '심포지엄'이라는 말은 그리스어 'sym + pono'에서 나왔는데 이는 '함께 마신다'는 뜻이다. 그리스인들은 함께 마시면서 토론하고 즐겼는데, 이는 그리스인들의 삶의 중요한 특성 중 하나이다. 『오디세우스』 8장에서 알키누스 왕은 연회와 음악과 춤은 우리에게 늘 중요한 것이라고 선언한다. 이러한 관행은 20세기에도 지속되어, 그리스 역대 왕들은 왕정이 폐지되기까지 제관 수여식이나 결혼식 등 모든 축하연에서 앞장서서 춤을 추었다.

그리스인들은 남녀노소 할 것 없이 모두 춤을 즐긴다. 그리스와 관련된 영화나 소설이라면, 아마 빠짐없이 다양한 형태의 정열적인 춤을 볼 수 있을 것이다. 그리스인들에게 춤은 개인적인 동시에 공동체적인 애환의 정감을 표현하고, 개인과 마을의 큰 사건을 기념하고 즐기는 중요한 수단이다. 춤은 또한 과거와 현재를 이어주는 고리이기도 하다. 지금 음악(music)으로 번역되는 'musike'라는 단어는 고대 그리스 사회에서는 그냥 단순한 음악이 아니라, 하나의 종합예술로서 춤과 노래(시가)와 기악을 모두 합한 개념이었다. 그리스인들은 춤이 정신과 육체의 건강에 유익하다고 생각하였고, 그래서 춤의 종류도 이백 가지는 족히 넘는다.

춤은 신들의 발명이었고, 신들이 선택받은 소수에게 춤추는 법을 가르쳐주었다고 믿었으므로, 사람들은 춤을 신에게 바쳐야 한다고 생각하였다. 델로스 섬의 비문을 보면 아폴론과 아르테미스 신전에서 개최되는 장엄한 제의에서 춤이 매우 중요한 역할을 하였음을 알 수 있다. 춤에 관한 고대 그리스의 자료는 문학과 그림, 운율과 음악, 비문집이나 언어학, 민족학이나 고고학 등을 통해 수없이 발견된다. 가령 기원전 8세기경의 술병에는 '가장 열심히 춤을 춘 무용수에게 이를 준다'고 새겨져 있다. 아테네의 비극시인 소포클레스는 유명한 음악가에 의해 유아기 때부터 음악과 춤을 배우고, 소년기에 수금(竪琴, 하프) 연주에 뽑혀 살라미스 전쟁 후에 승리의 춤을 선도하였는가 하면, 테바이의 뛰어난 전사 에파메이논다스도 횡적(橫笛, 가로로 부는 피리)과 수금을 연주하고 노래하며 춤추도록 훈련받았다고 전한다.

플라톤은 모든 살아 있는 것들은 감정, 특히 환희를 표현하기 위해서 신체를 움직이려는 자연스런 욕구를 가지고 있으며, 춤은 이러한 욕구에서 생겼다고 말한다. 또 『국가론』에서는 음악과 춤이 국민의 풍속과 제도를 결정하고 보존하는 데 가장 중요한 요소라고 보았다. 그래서 그는 모든 아동은 남녀를 불문하고 유아기 때부터 고상한 음악과 춤을 배워야 한다고 주장한다. 플라톤이 높이 평가한 춤들은 병법상의 수완과 신체적인 강건함을 훈련하는 격렬한 전투적 춤과, 평화와 번영을 기원하면서 신에게 숭배와 존경을 바치는 축제의 춤들이다. 나아가 『법률』에서 플라톤은, '춤출 수 없는 자'는 '교육받지 못한 자'로, '교육받은 인간'은 '춤출 수 있는 자'로까지

정의한다.

그리스 춤은 세 개의 구성요소─포라(phora), 스케마(schema), 데익시스(deixis)─로 구성되었다. 플루타르코스는 포라를 신체 또는 마음의 움직임(키니시스)으로, 스케마는 모양 혹은 포즈로, 데익시스는 무용수가 표현하는 것, 즉 나타내는 것으로 설명한다. 포라는 '옮긴다'는 뜻의 동사 페로(phero)에서 나왔는데, 몸의 움직임과 관련되어 어떤 곳으로 이동하는 것을 말한다. 즉, 오늘날의 스텝과 같은 것으로 보행, 주행, 도약 같은 것을 의미한다. 스케마는 형, 도형, 외관, 방식을 의미하는데, 예를 들어 벌린 손의 움직임, 두 발의 걸음걸이, 어지러운 회전 등과 같은 것을 가리킨다. 데익시스는 '보인다' '묘사한다'는 뜻으로, 춤에 의해 사람들을, 바람을, 꽃을 묘사하고 보여주는 것을 의미한다.

예부터 기악을 연주하고 노래하고 춤추는 모습을 많이 남겨놓은 크레타인은 춤의 명수로 알려져 있었다. 춤은 크레타를 둘러싼 신화의 세계에서부터 출발한다. 신화에 의하면 크로노스의 부인 레아가 크레스들에게 가르쳐 춤추게 하였다고 하는데, 크레스들의 춤추고 노래 부르는 관행은 크로노스로부터 어린 제우스를 지켜주는 역할을 하였다고 한다. 즉, 크레타 섬에서 몰래 길러지던 제우스가 울 때마다 크레스들이 춤을 추고 커다랗게 소리를 지름으로써 크로노스가 아기 울음을 눈치채지 못하게 하였다는 것이다. 이들 크레스들이 춘 춤은 일종의 도약 춤이라고 할 수 있다. 이는 매우 날카로운 소음을 내며 추는 춤으로 일종의 주술용 액막이 춤이다. 도약하면서 쉬지 않고 움직임으로써 성장 발육을 촉진하는 효과도 가졌으리라 여겨진다.

사포의 시에는, 크레타 여자들은 초원의 포근하고 부드러운 꽃들을 밟고 아름다운 제단 주위를 돌며, 우아한 걸음을 걸으면서 율동적으로 춤추었다고 묘사되어 있다. 크노소스 궁전의 벽화에는 넓은 치맛자락을 펄럭이는 여인의 스커트 춤도 보이고, 음악에 맞추어서 봉납물을 옮기는 행렬이 그려진 행렬 춤도 보인다. 장례식 춤(prylis)도 있었다. 시체와 무덤 주변에서 춤 혹은 행렬이 이루어졌는데, 이는 죽은 이에게 다시 생명을 불어넣고, 악령을 추방하기 위한 노력의 일환으로 추었던 춤으로 보인다.

크레타 섬에서 빠뜨릴 수 없는 춤 가운데 미로 춤이 있다. 이는 테세우스가 아리아드네의 도움으로 미노타우로스를 죽이고 아테네 소년 소녀들을 구출한 사건을 기념하는 춤이다. 이때의 미로는 뱀이 기어가는 모양을 모방하였을 것으로 추측된다. 크레타 섬에서 발굴된 뱀의 여신상이 양손에 뱀을 잡고 있는 것도 이를 뒷받침해주는 것처럼 보인다. 이와 관련된 것으로 게라노스 춤이 있다. 게라노스란 '학(鶴)'이란 의미인데, 아리아드네와 테세우스가 델로스 섬에 상륙한 것을 기념하여 시작된 것이라고 한다. 미궁의 높고 낮거나 구불구불한 경로를 모방한 것으로 여러 젊은이들이 리듬감 있는 동작으로 복잡하게 선회하면서 함께 추는 춤이다.

이렇게 크레타 문명에서 보이는 많은 춤을 시원으로 해서 그리스에는 온갖 종류의 춤들이 나타났다. 신화에 나오는 쌍둥이 디오스쿠로이 형제들은 무기 춤을 추었다고 한다. 또한 혼례 춤이 있다. 『오디세우스』의 4장과 23장에 혼례 춤에 관한 서술이 나온다. 『일리아스』 18장에 나오는 아킬레우스의 방패에 대한 묘사에는 모두 세 종류의 춤이 나오는데, 그 중 하나가 혼례의 춤이며, 그 외 풍요를 상징하는 포도송이의 춤과 구애의 춤이 나온다. 구애의 춤은 젊은 남자와 처녀의 집단이 함께 추는 공중제비 춤을 포함한다. 한편 비애의 춤도 있었다. 암흑시대에 속하는 많은 뼈 항아리에는 다양한 종류의 비애의 춤이 묘사되어 있다. 그곳에서는 남자와 여자, 때로는 아이들의 긴 대열이 있으며, 이들은 머리털을 뜯고 슬퍼하며 이마를 치는 의례적인 몸짓으로 손을 머리에 대고 있다. 동물들로 가장하여 추는 동물 춤도 있었다.

디오니소스 신과 관련된 춤으로는 오레이바시아와 디티람보스가 있었다. 오레이바시아는 마이나데스 혹은 바코이라고 불리는 여성 신도들의 광란의 춤이었다. 오레이바시아는 '산(山)'이라는 단어와 관련이 있는데, 여성들이 산을 넘고 수풀을 지나 풀어헤친 머리를 마구 흔들고 또 소리를 지르면서 추는 춤이었다. 오레이바시아가 여성들이 추는 광란의 춤이라면, 남성의 춤으로는 디티람보스가 있다. 이 역시 동작이 많아 열광적인 춤이다.

엄격하고 단순한 생활을 추구하던 스파르타에서도 춤은 매우 중요한 교육 수단이었다. 노인과 젊은이 모두가 춤을 추었으며, 폴리스의 아고라는 코로스(춤이라는 뜻)라고까지 불렸다. 소년들은 훈련학교에서 복싱과 레슬링을 배운 후 춤을 배웠는데, 특히 전사의 춤에 많은 관심을 보였다.

그 외 당시 작가들의 글에 나오는 여러 형태의 춤으로는 복수의 여신들의 복수의 춤, 처녀의 춤, 풍성한 음식물의 춤, 바구니 춤, 우주의 춤, 코모이 춤(고상하며 즐거운 노래를 반주로 하는 행렬 춤으로서 연극이나 운동 경기에서의 우승자, 또는 기타 그 지역의 영웅들을 마을 사람들이 그 집까지 수행하는 춤), 배 젓는 사람들의 춤, 소와 함께 추는 춤 등 수많은 종류의 춤이 있었다. 외설적인 춤도 있었는데, 브리다리카라는 스파르타풍의 춤은 남자들이 가면을 쓰고 여장을 한 채 외설적으로 추었으며, 롬브로테론도 천박하고 외설적인 몸짓을 나체로 추었다. 사티로스극의 시키니스라는 춤은 곡예를 하듯 허리나 전신을 크게 흔들거나 비틀거리다가 재빨리 도약하며 차기, 발 굴러 올리기, 선회하기, 혹은 기타 외설적인 몸짓을 응용하는 활기 넘치는 춤이었다.

이성의 로고스

'에이로네이아'한 죽음, 소크라테스

러셀은 유럽이 인류의 정신적 발전에 끼친 본질적인 공헌이 무엇인가를 자문자답하면서 다음과 같이 말했다. "종교나 예술은 유럽뿐만 아니라 세계 어디에도 있다. 유럽이 세계에 내놓은 것은 학문의 이념인데, 학문으로서의 학문이라는 이념을 전개시킨 이들은 플라톤과 아리스토텔레스이다." 그들의 뿌리에는 소크라테스가 있는데, 소크라테스의 로고스에 대한 추구는 인류 역사의 전환점을 의미한다. 그런 점에서 헤겔은 소크라테스를 '세계사적 사건'으로 보았다. 헤겔은 사상사에서 처음으로 개인이 자기의 고유한 권리를 인식한 것은 소크라테스에 의한 것이라 하였다. 소크라테스는 선(善)이 무엇인지를 묻는 데서 주체를 인식하였고, 이로써 개별적인 정신이 보편적인 정신의 자리로 나아갔다는 것이다.[17]

철학의 대상을 하늘에서 인간으로 바뀌게 하였다는 키케로의 말은 소피스트 철학을 가리키는 말이다. 탈레스에서 데모크리토스에 이르는 자연 철학적 사유는, 인식은 자연의 본질에 대한 진리를 발견하는 것이며, 주관적인 인식은 객관적인 대상에 의존한다는 전제로부터 출발하였다. 소피스트들이 이전의 철학자들과 구분되는 것은 처음으로 '주관성' 자체를 성찰 대상으로 삼았다는 것이다. 소피스트에 따르면 지식은 인간의 주관적 감각에 불과한 것이며, 인간은 객관적 지식을 인지할 수가 없다. 이들은 인간 인식에 한계성이 있다고 보기 때문에 '지식(소피아)'은 객관적 진리의 추구보다는 삶에 필요한 지혜가 된다.

소피스트 철학이 아테네에서 발달한 배경은 아테네의 정치, 사회, 경제적 변화와 직결된다. 당시 아테네는 농업국에서 해양 강국으로 변신하면서, 민주주의가 점차 확립되고 있었다. 또 페르시아 전쟁으로 최하층의 시민들까지 정치에 참여함으로써 이전의 토지 소유자 중심의 사회와 지배질서에서 볼 수 없던 새로운 출세의 길이 열렸다. 특히 '말'의 힘이 증대되면서, 가문이나 재산보다 변론과 수사학이 출세의 척도가 되기 시작하였다. 변호사가 따로 없던 당시 변론술은 재판에 이기기 위해서 필수적이었으며, 또한 민회에서의 연설로 정치적 성패가 결정되었기 때문이다. 그래서 변론술이나 수사학에 능한 많은 소피스트들이 아테네로 몰려와 지식, 교양, 수사학, 웅변술 등을 가르치면서 그 대가로 돈을 받았다. 철학이 상품화된 셈이다.

대표적인 소피스트로 알려져 있는 프로타고라스는 '인간은 만물의 척도이다'라고 하였다. 이는 자기 자신의 판단과 주관적 의견이 절대적일 수 있음을 이야기한 것으로서, 궁극적으로 상대주의와 다원주의적 경향을 띠게 마련이었다. 알렉산드로스와 해적의 차이를 예로 들면, 알렉산드로스는 수많은 배를 혹은 군사를 이끌고 다니니 대왕이 되었고 해적은 배 한 척 혹은 소규모로 다니니 해적이 된 것이라는 원리이다. 이는 텔레마쿠스의 '이기는 것이 정의'라는 극단으로까지 나아가게 되었는데, 소크라테스는 이를 경계하였다.

아리스토텔레스에 의하면 소크라테스에게 문제가 되는 것은 인간의 행위였고, 자연 전체가 문제였던 적은 한 번도 없었다. 이처럼 인간 자신을 철학적 성찰의 중심으로 삼은 점에서 아테네인들이 소크라테스를 소피스트의 한 사람으로 취급한 것은 우연이 아니다. 그러나 소크라테스가 보기에 소피스트들은 사기꾼이다. 그들은 덕에 대한 보편타당한 개념을 알지 못하면서 덕을 가르칠 수 있다고 생각하기 때문이다. 소크라테스는 덕에 대한 보편타당한 지식을 추구하는 데 그의 온 힘을 쏟았다.

소크라테스는 기원전 469년경 태어나 399년 봄에 70세의 나이로 사망한 것으로 추정된다. 그는 추남이었지만, 영혼을

싸고 있는 것이 신체라고 하여 신체의 미를 영혼의 미와 관련 지어 생각하였다고 한다.[18] 크산티페와 결혼하여 세 아들을 두었는데, 그녀는 악처의 대명사로 알려져 있다. 하지만 플라톤이 그려내는 그들의 부부관계는 따뜻하다. 한 관상가가 소크라테스를 일러 호색한 타입이라고 평가하자 화가 난 제자가 소크라테스에게 이를 일렀다. 소크라테스는 그 말이 맞다라고 하면서, 다만 자기는 절제하고 극기함으로써 이것을 이겨낸다고 대답하였다.

한편 자타가 공인하는 아테네 최고의 엘리트 청년 알키비아데스는 소크라테스를 사모한 나머지 그를 육체적으로 여러 차례 유혹하려고 하였으나 실패하였다고 한다. 급기야는 어느 날 밤 노골적으로 소크라테스의 해진 외투 속에 기어들어가 안고 같이 잤으나 '슬프게도' 아무 일도 없었다고 증언한다.

펠로폰네소스 전쟁 당시 소크라테스는 암피폴리스 전투를 비롯해서 여러 전투에 중장보병으로 참전하였는데, 극기심과 용기를 유감없이 발휘하였다고 한다. 그는 열띤 토론에서도 냉정을 잃지 않았으며, 누더기를 걸치고 눈 위도 맨발로 걷는 등 검소하게 살았다. 그러나 꾸민 검소는 좋아하지 않아서 키니코스학파에게 "떨어진 망토의 구멍을 통해 당신의 허영이 엿보인다"고 비판하였다고 전한다.

소크라테스는 지적, 합리적, 비판적, 회의적이면서도 신비적인 면을 갖추고 있어서 어릴 때부터 내면에서 들려오는 다이몬(daimonion)의 소리에 복종하였다고 한다. 다이몬의 본래

뜻은 '수호 정령'의 의미가 강하다(오늘날은 데몬이라 쓰여 악마를 가리킨다). 후일 소크라테스를 '예수 그리스도 이전의 그리스도인'이라고 부르고자 했던 일부 기독교인들은 다이몬의 음성을 성령의 인도함으로 해석하는가 하면(기독교도 테르툴리아누스는 이를 악마의 목소리로 해석하였지만), 현대 철학자들은 이를 소크라테스의 '내면 양심의 목소리' 혹은 '자아의 목소리'로 해석하기도 한다. 다이몬이 어떤 의미를 지녔든 간에, 소크라테스가 가장 중시한 것은 '로고스'이다. 특히 그는 모든 윤리적, 도덕적 문제들에서 로고스의 의미를 인식하고 있었다. 『크리톤』에서 소크라테스의 로고스관은 분명하게 드러난다. 로고스는 우선 말하는 것과 생각하는 것을 포함하는데, 생각하는 것에는 생각하는 작용과 생각된 것의 의미가 담겨 있다.

소크라테스에 대해서 델포이의 무녀는 '아테네에서 가장 지혜로운 이'라고 하였다. 처음에는 그럴 리가 없다며 부인하였으나, 나중에는 소크라테스 자신도 이를 긍정하였다. 이유인즉, 소크라테스 자신은 최소한 아무것도 모른다는 그 사실만은 알았으나, 아테네의 내로라하는 수많은 이들은 아무것도 모르면서 많이 안다고 여기고 있기 때문이라는 것이다. 즉, '무지하다는 사실을 아는 것'이 지혜의 출발점인데, 자신은 스스로 아무것도 모른다는 그 사실만은 알고 있으므로 그들보다 지혜롭다는 것이다. 『파이드로스』 첫머리에서 소크라테스는 "나는 델포이의 경구에 따라 나 자신을 알려고 하였으나, 아직도 모르고 있다네"라고 말한다. 무지의 폭로는 많은 아테네인들에게 충격을 주었다. 잘 알려진 소크라테스의 별명이 '등에'이듯이, 그는 지적 무기력을 자극하여 사람들을 사고하게 하였다.

소크라테스의 아버지는 석공이요(소크라테스의 직업도 석공이었다고 한다), 어머니는 산파였다고 하는데, 소크라테스의 대화술은 마치 이 둘을 합성한 것과 같았다. 산모가 아기를 낳을 때 산파가 그를 돕듯이, 자기는 아테네인들이 아이를 낳도록, 즉 깨닫도록 도와주는 산모라고 생각했다. 그 방법은 대화하는 가운데 스스로 자가당착에 빠지게 하는 것인데, 이는 조각가가 돌덩이에서 하나의 형상을 구현해내는 과정과 같다. 편견을 무너뜨리기 위해 소크라테스가 사용한 무기는 '에이로네이아'와 '아포리아'이다. 에이로네이아(영어의 아이러니)는 반어법 혹은 시침떼기법으로 번역이 되며, 일종의 부정법이다. 부정법을 대화에 활용한 그는 그런 의미에서 변증법적인 사고의 개척자이다. 아포리아는 끈질기게 묻고 검토하지만 아무 결론도 없이 끝나는 것이다. 그는 소피스트의 상대주의를 철저히 거부하면서도 성급한 보편화를 경계하며, 보편적 진리를 인간의 이성 속에서 발견하려 하였다. 즉, 소크라테스적 방법의 특징은, 개념이란 한 개인에 의해서 가르쳐진 것이 아니며, 어떤 자명한 전통적인 명제도 대화를 통해서 샅샅이 검토되어야 한다는 데 있다.

기원전 399년에 있었던 소크라테스의 재판은 유명한 일화이다. 플라톤의 대화편 네 편은 죽음에 즈음한 소크라테스를 직접적으로 다루고 있다. 『에우티프론』은 막 법정에 출두하려는 소크라테스를 다루었고, 『소크라테스의 변론』 『크리톤』 그리고 『파이돈』에서는 소크라테스 최후의 날이 묘사되고 있다. 소크라테스를 기소한 사람은 비극작가 멜레토스와 변론학자 리콘 그리고 민주정치가 아니토스 세 사람이었다. 소크라테스에 대한 기소 내용은 "첫째, 국가가 인정하는 신들을 믿지 않고 새로운 신들을 끌어들였다는 점에서 법을 어겼고, 둘째, 청년들을 타락시켰다는 점에서 법을 어겼다"는 것이다. 즉, 크세노폰에 의하면, 소크라테스가 내면에서 다이몬의 소리가 들려온다고 하면서 새로운 신을 아테네에 도입하려 하였고, '알키비아데스와 과두정치가 크리티아스의 친구'로서 국가의 공익이나 체제를 비판하고 청년들에게 국가에 대한 반항을 사주하였다는 것이다. 그래서 청년들로 하여금 지혜 있는 자를 존중케 하고 부모에게 불효하도록 하였다는 것이 소크라테스의 죄목이다. 한편, 디오게네스 라에르티우스는 고소의 원인으로 아니토스의 질투심을 들고 있다. 아니토스는 알키비아데스를 연모하였으나, 알키비아데스가 소크라테스를 좇으며 자신을 거들떠보지도 않자, 질투심에 불타서 고발했다는 것이다. 아리스토파네스의 희극 『구름』도 소크라테스의 평판을 나쁘게 하는 데 큰 몫을 하였다.

소크라테스는 당시 아테네 각 부족에서 뽑혀온 배심원 판사 501명에 의해 1차 재판에서 유죄(유죄 281 : 무죄 220)를 선고받았다. 2차 재판에서는 형량을 정해야 하는데, 여기서는 원고와 피고가 각각 제시한 형량 가운데서 배심원이 하나를 선택하도록 되어 있었다. 이때 소크라테스의 변론은 일반적인 것과는 거리가 멀었다. 배심원들에게 선처를 호소하기는커녕, 자신은 아테네 시민의 영혼을 교육시켰기 때문에 표창을 받고, 귀빈관에서 식사를 제공받을 형량이 선고되어야 한다고 말했다. 결국 소크라테스는 자신이 양보한다면서, 1/2 달란트 정도의 벌금을 물 것을 제안하였다. 이 바람에 동정표조차 사라져, 법정은 사형을 확정(유죄 360 : 무죄 141)하였다. 자기가 받을 형량으로 '표창장과 영예로운 식사'를 제안했던 것은 소크라테스적 '에이로네이아'이다.

사형 확정 후 집행까지 약 한 달간의 여유 동안, 크리톤을 비롯한 제자들은 국가가 개인의 생명을 위태롭게 할 때 개인은 이를 방어해야 한다고 설득하면서 도주할 것을 권유하였다. 그러나 소크라테스는 이를 거부하였다. 그 한 달 동안 그는 아이소포스 우화를 운문으로 번역하고 즐겁게 담소하다가 독당근차 햄록을 마시고 죽는다. 플라톤의 『파이돈』에 따르면, 임종시 소크라테스는 영혼 불멸을 주장했다고 한다. 죽음은 인간사 전체의 일부분인데 이 죽음을 악한 것으로 여기는 것은 아테네 시민이 무지하면서 오히려 현명하다고 자처함과 같은 일이라고 하였다. 플라톤은, '우리가 알아온 사람 중 가장 훌륭했고 가장 지혜로웠으며 가장 올발랐던 사람'이 죽었다고 표현하였다. 소크라테스의 죽음이 비극적이라면, 이는 그의 죽음이 당시 아테네인에게 별 반향을 일으키지 못했다는 점과 그의 죽음을 선고한 것이 아테네의 민주 법정이며, 대중 민주주의가 승리한 시점이었다는 점이다. 가장 양심적인 한 위대한 사상가가 민주정 재판에서 사형이 선고되었다는 점 또한 매우 '에이로네이아'하다 아니할 수 없다.

마르틴(G. Martin)에 의하면, 소크라테스가 남겨준 유산은 진리가 무엇인가에 대한 답을 준 데 있는 것이 아니다. 그는 끝내 답을 내놓지 못했기 때문이다. 다만, 그는 진실이란 무엇이며 선이란 무엇인가 하는 문제를 끊임없이 제기하고 이를 끊임없이 하나하나 검토해가는 방법과 태도에 대한 실천을 보여주었다.

국가 이데올로기가 만들어낸 체제, 스파르타

스파르타 자체를 로고스의 영역에 두는 이유는 스파르타가 의도된 모든 체제를 극도로 절제하여 갖추고 있었기 때문이다. 즉, 범국가적인 한 가지 목표를 향해 인간의 모든 영역을 순응시키려 했다는 점에서, 국가적 이성, 로고스가 과도하게 실험된 체제를 추구하고 있었기 때문이다. 지금도 널리 쓰이는 '스파르타 교육'이라는 교육 유형의 창안지로 알려진 스파르타는 그 단순하고 소박한 생활양식으로, 플라톤과 크세노폰을 비롯한 고대 아테네 철학자들의 찬탄을 자아내던 폴리스이다. 스파르타의 엄격하고 군국적인 교육은 사회, 정치, 인구학적인 데서 원인을 찾을 수 있다. 스파르타에서 스파르티아테스라 불린 시민은 전체 인구의 3~5%에 불과하며, 대다수의 인구는 예속 노예 헤일로타이로 구성되어 있었다. 고대의 노예들은 근대에 나타난 노예들과는 여러 면에서 다른 개념으로 접근해야 한다. 미국이나 남아메리카 농장에서 일하던 아프리카 노예들과는 달리 이들은 피부부터가 같은 백인이었다. 주변 메세니아를 점령하고 그들을 노예로 삼은 스파르타인들은 이들의 반란을 가장 경계하였고, 이들을 통제하는 것이 큰일이었다. 소수의 시민들이 다수의 노예를 다스리기 위해서는 스스로 정예 부대가 되지 않을 수 없었다.

　모든 제도적 장치는 체제 유지를 목표로 하였다. 과거에 실시된 적이 있었던 것으로, 크세노폰 등이 전하는 바에 따르면, 태어난 아기는 장로회에서 검사를 받아야 했다. 그래서 튼튼하고 훌륭한 전사가 될 가능성이 있는 아기들만이 양육되도록 허락되었다. 허약하거나 장애가 있는 아기들은 버려졌다. 아기는 7세까지만 어머니와 살았으며, 그 이후로는 단체생활을 해야 했다. 집단적 군사교육(agoge)이 행해졌던 스파르타에서는 파이도노모스라 불리는 최고 권위를 가진 선생과, 에이렌이라 불리는 선배 겸 조교, 장로 등 주변의 모든 시민들이 교육자적 역할을 담당하였다. 모든 아이들은 단체생활을 통해 강도 높은 '지옥' 훈련을 받아야 했다. 먹을 것을 제대로 제공하지 않고 자체 조달케 한다든가, 신발을 배급하지 않아 맨발로도 적응할 수 있게 하는 교육이 그런 것들이다. 이런 과정을 거쳐 굶주림이나 거친 환경에서도 잘 적응할 수 있는 전사로 성장하도록 모든 프로그램이 체계화되어 있었다. 먹을 것을 훔치다가 들킨 아이는 혼이 났는데, 이는 훔쳤기 때문이 아니라 들켰기 때문이다. 스파르타의 독특한 제도 중의 하나는 공동 식사 제도인 시시티아(혹은 피디티온)이다. 시민들은 약 스무 명씩 한 조가 되어 공동 식사를 하였다. 새로운 충원은 만장일치로 결정하는 회원제였다. 그리고 공동 식사를 위해서 각자 치즈, 밀, 포도주 등을 할당량만큼 내야 했다. 공동 식사는 그리 맛이 없었던 모양이다. 스파르타의 유명한 검은 스프를 먹어본 다른 폴리스의 한 사람은 "나는 왜 스파르타인들이 죽음을 두려워하지 않는지 그 이유를 이제 알겠다. 이렇게 맛없는 것만 먹어야 했다니"라고 했다고 한다. 사치품은 금지되었고, 가옥이나 가구, 모든 용품들은 한결같이 소박하고 튼튼했다. 화폐는 있었지만 가치가 너무 하찮았으므로, 아무도 소유하려고 들지 않았다.

스파르타인들은 '직업적인' 군인들이었다. 스파르타의 왕 아게실라오스가 페르시아에 대항하여 폴리스 연합군을 지휘하게 되었을 때, 모여 있는 병사들에게 농사짓다가 온 사람, 도자기를 만들다가 온 사람, 포도주 무역을 하다가 온 사람 등등 온갖 직종에 종사하던 사람들을 차례로 일어나라고 했다. 결국 끝까지 일어나지 않았던 사람들은 스파르타인들뿐이었다. 그들은 오로지 군사 훈련만 받다가 왔기 때문이었다. 시민들의 삶은 아침에 눈을 뜰 때부터 밤에 잠자리에 들 때까지 훈련의 연속이었다. 식탁에서도 담론의 주제는 누가 충성스럽게 폴리스를 섬겼으며, 누가 용감하게 죽어갔으며, 폴리스는 어떻게 지킬 것인가 하는 것들이었다. 대화체로는 '라코닉(laconic, 스파르타가 있던 라코니아 평야에서 유래한 말)체'가 쓰였는데, 미사여구를 싫어하며 핵심만 간단하게 전달하는 것을 이상으로 삼았다. 또, 아테네가 무덤을 시내에 두지 못하게 한데 반하여, 스파르타는 시내 도처에 무덤을 만들어 시체나 죽음에 시민들이 익숙해지게 하였다고 한다.

흔히 아테네의 민주정과 달리 스파르타의 정치체제는 과두정으로 알려져 있다. 그러나 보다 정확히 말해 혼합정이라 함이 더 옳다. 즉, 두 명의 왕정, 30명의 장로들이 모이는 게루시아(장로회의)의 과두정, 모든 성년 남자 시민이 모이는 '아펠레'라고 불리는 민회의 민주정적 요소가 혼합되어 있었다. 아펠레는 아폴론 신의 이름에서 딴 것이라고도 한다. 민회의 의결방식은 매우 흥미로운데, 심판관들이 어느 정도의 사이를 띄우고 앉아 박수 소리의 정도에 비례하여 찬반 의사를 판단하였다. 민회는 선전포고·강화 등 중대사를 결정하였으나 안건을 제안·토의하지는 않았다.

스파르타의 제도와 생활양식은 훌륭한 전사의 양성이라는 집단적인 이데올로기에 어울리는 것이었다. 전사를 낳고 기르는 여성들은 다른 어느 폴리스에서보다도 지위가 높았다. 이들 역시 나체로 체조를 하는 등 체력 단련을 게을리 하지 않았는데, 그 이유는 튼튼한 아기의 출산이라는 성스러운 국가적 이데올로기에 봉사하기 위해서였다. 스파르타의 남편도 마찬가지여서, 플루타르코스에 의하면, 남편이 이미 늙고 힘이 없는데 아직 아내가 튼튼하고 생식력이 활발하면, 젊고 건강한 남자에게 자신의 아내와 관계를 가져줄 것을 당부하기도 했다. 그래야 튼튼한 아기가 태어날 것이고, 이 아기는 개인이 아니라 '폴리스의 아기'이기 때문이었다.

스파르타의 체제를 리쿠르고스 체제라고 한다. 플루타르코스에 의하면, 리쿠르고스는 스파르타의 왕이었다. 원래 형이 왕이었는데 일찍 죽고 후사가 없어서 리쿠르고스가 왕위에 올랐다. 그런데 전 왕비인 형수가 사람을 시켜, 자기가 임신하고 있는데, 이 아기가 태어나면 왕위를 양보해야 할 터이니 자기와 결혼하면 아기를 지우겠다는 제안을 보내왔다. 리쿠르고스는 지금 아기를 지우면 산모도 위험하니 아기를 낳자마자 보내주면 자기가 알아서 하겠다고 대답하였고, 나중에 아기를 건장하게 길러 왕위를 물려주게 된다. 그는 의로운 사람이었던 것이다. 그는 아이가 자랄 때까지 왕위에 있으면서 스파르타의 모든 체제를 만들었다고 한다. 후일 그는 스파르타의 체제가 좋은지 어떤지를 다른 나라와 비교해보아야겠다고 생각하였고, 여행을 떠나기 전에 스파르타 시민들로부터 자기가 돌아올 때까지는 현재의 체제를 지키고 있을 것이라는 약속을 받아내었다. 아테네, 크레타, 소아시아까지 모든 곳을 돌아본 리쿠르고스는 마침내 스파르타 체제의 우수성을 확신하자 자살했다. 리쿠르고스는 자기의 시체를 절대 스파르타로 옮겨가지 말도록 시종에게 엄명하였다고 한다. 자신이 돌아올 때까지 체제를 지키기로 약속하였으니, 다시는 돌아가지 않음으로써 영원히 그 약속을 지키게 하기 위해서였다. 그러나 플루타르코스의 말처럼 스파르타의 모든 제도가 한 사람의 손에 의해 일시에 만들어졌다고 보기는 힘들며, 리쿠르고스가 실존했던 인물이었는지도 분명하지 않다.

스파르타인은 인종적, 문화적으로 그리스에서 매우 독특한 자리를 차지하고 있다. 크레타 섬과의 연관성이 강조되기도 하는데, 일부 학자들은 스파르타인들이 사라진 유대인의 한 지파의 후손이라 주장하기도 한다. 외경 마카베오서에 유대인 지도자가 스파르타인들에게 보낸 편지가 전하는데, 서로가 본래는 같은 형제국가였으니 도와주기를 바란다는 내용이다. 유대인들은 함부로 다른 민족을 형제 나라로 지칭하는 법이 없는데, 유독 스파르타인에게 이러한 편지를 보낸 것은 흥미롭다. 스파르타는 여자들에게도 클레로스라는 토지 상속권을 주었는데, 이는 모세 당시의 유대인들이 여성 상속권을 인정했던 사례와 문화적으로 흡사하다. 공동 식사 제도도 다윗과 사울 당시의 공공 식사 제도를 연상케 하는 점에서 그 문화가 유대인과 서로 닮아 있다.

비극 : 미토스, 파토스, 로고스의 조화

그리스 문화의 정수를 비극으로 보는 사람들이 많다. 원래 연극은 모든 예술 가운데서도 가장 종합적이고 민중적인 것으로 평가된다. 필자가 보기에 그리스 비극은 그리스 정신의 여러 다양한 부분이 조화를 이루어낸 것, 즉 미토스와 파토스와 로고스의 종합체이다. 비극은 종교와 예술, 종교와 정치, 비합리와 합리, 디오니소스적인 것과 아폴로적인 것의 중간에 위치하고 있다. 그리스인들에게서의 연극의 개념이란 현대의 한국 사회에서 통용되는 연극의 그것과는 사뭇 다르다. 그리스 비극은 종교 행사였을 뿐 아니라 공동체 전체의 정치 행사이기도 하였고, 극장은 교육적 기능을 수행하는 시민 학교였던 동시에 예술적 감성을 발산하던 장이기도 하였다. 극장은 관람료를 받지 않았다. 오히려 아무리 가난한 사람이라 하더라도 생업에 시달리지 않고 연극을 관람할 수 있도록, 폴리스가 관람료를 지불할 정도였다. 연극은 국가의 가장 큰 잔치요, 연극을 보는 것은 시민의 권리·의무였던 것이다.

극, 즉 드라마라는 단어의 어원은 'drao'인데, 이는 '하다' '행하다' '모방하다'라는 뜻을 가지고 있다. 아리스토텔레스는 보통사람들보다 나쁘게 모방된 것은 희극이요, 보통사람들보다 좋게 그려진 것은 비극이라고 하면서, 비극이란 고귀하고 완결된 행위의 모방이라고 정의하였다. 비극은 그리스어로 'tragodia(영어의 tragedy)'이다. 'trogos + edia', 즉 '산양(山羊)' + '노래'의 합성어인데, 그 어원은 확실하지 않다. 산양이 들어간 이유로는 노래를 부르는 사람이 양피나 양모를 입고 있었기 때문이라는 설과, 가장 노래를 잘 부른 사람에게 상으로 산양을 주었기 때문이라는 설, 혹은 산양을 희생으로 바치는 제례에서 유래하였다는 설 등 여러 가지 가설이 있다.

케임브리지학파는 모든 종류의 드라마는 농경 사회의 제전에서 비롯되었다고 보았다. 농경 사회에서의 씨뿌리기, 수확 등 각 시즌의 의식은 제각기 즐거움과 기쁨, 슬픔과 괴로움을 표현하고 있는데, 슬픔에서 비극이, 기쁨에서 희극이 탄생되었다고 보는 것이다. 이에 비해서 1960년대의 인류학적, 민족학적인 연구자들은 자연적인 농경축제보다는 인간과 사회에 포커스를 맞추면서 통과의례 쪽에 더 무게를 두어 해석하였다. 최근에는 종교적인 측면을 보다 더 강조하는 이들도 나타났다. 비극이 나중에도 디오니소스 제전의 중요한 한 부분으로서 남아 있었듯이, 드라마는 처음 제의적인 목적에서 출발하였다가 점차 문학적인 드라마로 발달하게 되었다는 것이다. 고고학적으로도 무대 중앙에 제단이 있었다든지, 상고기로 올라갈수록 극장의 모습이 제사 현장의 형태와 매우 유사하였다는 사실 등이 이를 뒷받침한다.[19]

헤로도토스는 비극이 펠로폰네소스 지방의 풍자극에서 기원하여 코린트에서 처음 상연되었다고 본다. 이와 달리 아리스토텔레스는 이것이 디티람보스에서 기원하였다고 보았다(아리스토텔레스는 다른 곳에서는 풍자극에서 출발하였다고 언급하여 모순을 보이기도 한다). 여기서 디티람보스는 디오스(dios)와 트리암보스(thriambos, 승리의 행진 같은 것, 오늘날 트라이엄프)의 합성어로서 디오니소스에 대한 일종의 찬가이다. 처음에는 합창단(과 지휘자)밖에 없다가, 페이시스트라투스 시대의 테스피스가 최초로 배우를 등장시켰다고 한다. 그 후 아이스킬로스가 제2의 배우를 도입하였고, 소포클레스가 제3의 배우로 등장인물을 늘렸다고 전한다.

대표적인 비극작품으로는 우선 아이스킬로스의 『오레스테스 3부작』이 있다. 아이스킬로스는 3대 비극작가 중 첫손에 꼽히는 작가로서, 이외에도 『결박당한 프로메테우스』 등을 비롯한 많은 작품을 남겼다. 오레스테스는 트로이 원정군의 총대장 미케네 왕 아가멤논과 클리타임네스트라 사이의 아들로, 엘렉트라가 누나이다. 아가멤논의 거짓말로 딸 이페게네이아

를 죽을 자리에 보냈음을 안 클리타임네스트라는 아가멤논에
대한 복수심에 불탄다. 아가멤논이 십 년 동안의 트로이 원정
을 마치고 첩 카산드라를 대동하고 돌아온 첫 날, 클리타임네
스트라는 목욕하던 아가멤논을 정부 아기스토스와 함께 살해
한다. 여기서, 자기 부모를 죽인 자에게는 반드시 복수해야 한
다는 법과 자기 양친을 죽인 자는 반드시 저주를 받는다는 모
순되는 법 앞에서 오레스테스의 갈등은 시작된다. 어머니의
정부 아이기스토스는 쉽게 죽였으나, 아버지의 원수를 갚기
위해서 어머니를 죽여야 하는지에 대해서는 어찌할 바를 몰랐
기 때문이다. 델포이의 아폴론 신탁은 어머니를 죽일 것을 명
하고, 누나 엘렉트라도 어머니를 죽이도록 종용한다. 결국 오
레스테스는 '이 젖으로 어린 너를 키웠다'고 유방까지 드러내
면서 살려달라고 애원하는 어머니를 죽이게 된다. 오레스테스
는 저주의 세 여신 에린니에스의 추격과 복수로 괴로움을 당
하다가 마침내 아테네에서 재판을 받는다. 신들의 투표는 아
테나 여신의 도움으로 가부동수(可否同數)로 부결되어 오레스
테스는 무죄가 된다. 복수심에 불타던 저주의 세 여신도 아테
나의 중재를 받아들여, 아테네에서 융숭한 대접을 받는다는
조건으로 자비의 여신으로 변하게 된다. 투표로 무죄가 결정
되는 장면은 아테네 민주정의 배심재판 제도를 반영하며, 저
주의 여신들은 민주정으로 발달하는 것에 불만이 크지만 결국
민주정과 타협하는 귀족들의 세력을 대변하는 듯하다.

　　아이스킬로스의 제자이자 그보다 더 뛰어났던 제자가 소포

클레스이다. 우아한 대사와 정교한 플롯으로 인해 아리스토텔레스에 의해서 그리스 최대의 비극작가로 평가받는 그의 대표작은 『오이디푸스 왕』이다. 오이디푸스는 테바이의 국왕 라이오스의 버려진 아들이다. 라이오스는 이미 결혼 전 자신이 아들을 갖게 되면, 아들은 아버지, 즉 자기를 죽이고 어머니, 즉 자기 아내와 결혼할 것이라는 신탁을 받는다. 아이를 갖지 않기 위해 안간힘을 쓰던 그가 어느 날 실수로 갖게 되는 아기가 오이디푸스이다. 오이디푸스는 '발뒤꿈치가 부은 자'라는 뜻인데, 발뒤꿈치가 꿰인 채 죽도록 버려졌으나 살아나서 아이가 없던 코린트 왕의 양자로 들어간다. 오이디푸스는 코린트 왕이 자기의 친부인 줄 안다. 어느 날 델포이의 아폴론 신탁에 의해 자기가 친아버지를 죽이고 어머니와 결혼할 것이라는 예언을 들은 오이디푸스는 자기의 운명을 피하기 위해서 다시는 되돌아오지 않으리라고 결심하면서 코린트를 떠난다. 그런 그가 향한 곳이 운명의 테바이이다. 그는 테바이 근처에서 한 노인을 시비 끝에 죽이는데, 이 노인이 바로 사냥하러 나왔다가 길을 잃은 친아버지이다. 오이디푸스는 누구를 죽였는지 물론 알지 못한다. 당시 테바이의 길목에는 스핑크스가 지나는 사람들을 괴롭히고 있었다. 스핑크스는 아침에는 네 발, 점심때는 두 발, 저녁때는 세 발이 되는 것이 무엇이냐는 수수께끼를 내어 대답하지 못하는 이들을 죽였다. 그런데 오이디푸스가 '사람'이라고 알아맞히자 스핑크스는 절벽에서 몸을 날려 죽고 만다. 테바이의 시민들은 오이디푸스를 새로운 왕으로 모신다. 이전 왕이 누구에겐가 피살되어 왕위가 비어 있던데다가 테바이의 골칫거리이던 스핑크스를 오이디푸스가 물리쳤기 때문이다. 그리하여 오이디푸스는 아직 젊고 아름다웠던 왕비 이오카스테와 결혼하고, 안티고네를 비롯해서 2남 2녀를 둔다. 이때부터 저주의 여신들이 테바이를 괴롭히며, 흉년과 기근이 계속된다. 델포이에 재난의 원인을 신탁하던 오이디푸스는 뜻밖에도, 자신이 죽인 노인이 친아버지였고, 자신이 아내로 취한 여인이 자신의 어머니로서, 마침내 아폴론의 신탁이 실현되고 말았음을 깨우치게 된다. 오이디푸스는 부모조차 알아보지 못한 눈을 원망하며 스스로 눈을 뽑아버리고 방랑하며, 마침내 자신이 재혼한 이가 아들이었음을 안 이오카스테는 운명을 저주하며 목을 매어 자살한다.

여기서 그리스 비극의 특징이 잘 드러난다. 오레스테스는 원치 않은 채 어머니를 죽여야 했고, 오이디푸스는 꿈에도 두려워하던 일이었음에도, 마침내 아버지를 죽이고 어머니와 결혼하게 되었다. 신들에게서 예견되고 지시된 운명은 그들의 의지는 아랑곳하지 않은 채 그들이 태어나기 전, 행동하기 이전부터 이미 그들을 옭아매고 있었던 것이다. 특히 오이디푸스에게서 운명은 이를 피하려고 할수록 더욱 교묘히 그를 테바이로 이끌고, 마침내 이미 짜여진 운명의 틀 속에서 비극을 맞이하게 만들고 마는 것이다.

그리스 비극은 영국의 셰익스피어 비극과도 다르며, 프랑스의 고전 비극[20]과도 다르다. 그리스 비극보다 훨씬 다양한 주제를 가지는 셰익스피어 비극은 흔히 성격 비극이라고 일컬어진다. 주인공의 성격이나 결함으로 야기되고 초래되는 비극이기 때문이다. 맥베드는 지나친 야망으로 인해 살인을 하였고, 리어왕은 판단의 우둔함으로 불행을 자초했다. 오델로는 오해로 인한 질투심으로 자기를 사랑하고 자기가 사랑하던 아내 데스데모나를 목 졸라 죽였고, 햄릿은 우유부단함으로 연인 오필리아를 미치게 만들고 마침내 자신도 죽는다.

그러나 그리스 비극의 대표적 주인공들인 오레스테스나 오이디푸스는 보통사람들보다 훨씬 더 총명하고 용감한 청년들이다. 오이디푸스는 이미 짜여진 운명의 틀 아래서 부모를 보호하려고 노력할수록 마침내 부모는 물론 자신까지 해치게 되었으며, 오레스테스도 아버지의 원수를 갚아야 한다는 하나의 인륜적 덕목을 수행하기 위해서 본인의 의도와 상관없이 어머니를 죽이는 패륜을 저지르게 된다. 즉, 이들은 자신의 자질이나 선택과는 상관없이 피하려야 피할 수 없는 짜여진 운명의 틀 안에서 저주의 여신들과 마주치고 만다.

혹자는 그리스 비극의 운명론을 잘못된 것으로 비판하기도 한다. 오이디푸스의 비극을 운명이라고 말할 수 없는 까닭은, 라이오스 가계가 선조의 잘못으로 이미 저주받은 가계였다는 점에서, 원인과 결과가 있는 비극이기 때문이다. 즉, 그리스의 모든 비극은 인과관계로서 합리적으로 설명될 수 있으므로 이를 운명론으로 돌리기가 어렵다는 주장이다. 그리스 비극들은 후기로 갈수록 합리적이며, 인과적인 경향을 강하게 나타나는 경향이 있다. 그럼에도 불구하고, 그리스 비극에서는 운명적인 느낌을 강하게 느끼게 되는 것이 사실이다. 그리스인들에게 운명의 신들은 모이라(moira)라고 부르는 세 명의 여신들이다. 이 여신들은 제우스의 딸로도 나오지만, 때로는 제우스나 모든 신들조차도 그녀들에게 복종하는 모습을 보인다.

아이스킬루스와 소포클레스가 당대에 칭찬과 명성을 얻었던 데 반해서, 당대는 물론 후대의 니체로부터도 많은 비판을 감수해야 했던 작가는 에우리피데스이다. 앞의 두 작가가 표준적 비극을 썼다면, 에우리피데스는 당시의 관점에서 보자면 일종의 '모던'한 극작가였다. 그는 종교에 대해서나 전통에 대해서 회의적, 비판적이었기 때문에 많은 갈등을 초래하였다. 그의 대표작은 『파이드라』『메데이아』이다. 파이드라는 아테네의 건국자 테세우스의 부인인데, 남편 테세우스가 아마존의 여왕과의 사이에 둔 의붓아들 히폴리투스와 사랑에 빠진 여인이다. 히폴리토스에게 사랑을 고백하였지만 거절당한 그녀는 분노와 슬픔으로 히폴리토스를 모함해 죽음에 이르게 하고 자신도 죽음을 택하는 비극적 여성이다. 메데이아는 자기 동생을 토막 살인하면서까지 이아손을 도와서 결혼하고 아이까지 낳았는데, 남편 이아손이 다른 왕녀와 결혼하려고 하자 제 손으로 그 왕녀는 물론 자신의 아이들까지 죽이고 달아난 여성이다. 20세기 초 영국 페미니스트들에게서 인용되기도 하였던, '전쟁터의 고통보다 몇 배나 심한 고통이 여자의 해산의 고통'이라는 구호는 바로 이 메데이아의 선언이었다. 이들 비극들, 예컨대

『파이드라』는 로마 시대의 세네카에 의해서, 그리고 18세기의 라신에 의해서도 다시 씌어졌다. 이 비극은 20세기에도 유진 오닐의 『느릅나무 밑의 욕망』으로 다시 재생산되었고, 소피아 로렌 주연의 같은 제목의 영화로도 만들어졌다.

그런데 이러한 그리스 비극의 스토리들은 언뜻 보아 이것이 무슨 그리스 문화의 정수란 말일까 하는 의문을 들게 한다. 무엇보다 스토리부터가 맹랑하다. 자기 어머니를 죽이거나, 자기 아버지를 죽이거나, 자기 아이를 죽이는 존속 살인의 이야기가 아니면, 자기 어머니와 결혼하거나, 자기 의붓아들을 사랑하는 근친상간의 이야기가 주종을 이루기 때문이다. 이는 실제 별로 있음직하지도 않은 이야기들로 비치기도 한다. 그러나 아리스토텔레스는 비극을 그리스 최고의 문학 장르로 평가하였고, 니체도 그리스 비극의 기능을 매우 높게 평가하고 있다. 비극에 관한 대표적인 정의는 아리스토텔레스의 것이다. "비극이란 진지하고 완전하며 장엄한 행위(praxis)의 모방(mimesis)이다. 이러한 모방은 대사를 통해서가 아니라 행동을 통해서 이루어지며 두려움(phobos)과 연민(eleos)을 통해서 감정의 카타르시스를 낳는다"는 정의가 그것이다(*Poet*, 6.1449b).

이 정의에 의하면, 비극이란 등장인물의 연기를 통하여 연민과 두려움을 일으키는 사건을 진행시키면서, 결과적으로 청중들의 카타르시스를 이끌어내는 과정이다. 카타르시스는 '깨끗이 한다'거나 '정화한다'는 의미이다. 즉, 비극은 타인의 고통을 자신의 경험으로 대입함으로써 감정의 순화, 즉 카타르

시스를 가져온다.[21]

카타르시스 이론은 근대 심리학과도 일맥상통하는 듯하다. 프로이트의 제자 융은 '그늘(shadow) 이론'에서 인간은 누구에게나 감추고 싶은 어두운 '그늘' 부분이 있다고 했다. 그런데 좋은 사람이 되기 위한 욕망, 착하고 싶은 욕망에서 이러한 어두운 부분을 감추고 덮는 사람일수록 내면의 그늘은 더 짙어지고 결국은 폭발하기 쉽다. 그늘이 클수록 폭발은 더 격렬하다. 그런데 그리스인들은 비극을 봄으로써 자기 속에 가려져 있던 그늘들을 미리 표출시키고 정화시켰다는 점에서 현명한 장치를 마련한 것이다. 요컨대, 카타르시스란, 미리 상응하는 고통을 경험함으로써, 우리 인간의 내면 깊숙한 곳에 자리한 음습하고 두려운 욕망들을 공개적으로 표출하고, 이를 배설함으로써, 정화의 효과를 획득하는 것이다.

19세기의 니체는 『비극의 탄생』에서 그리스인들이야말로 인간의 감정과 이성을 잘 조화시켜 가장 바람직한 문화를 꽃피운 이들이라고 여겼다. 니체는 아폴론적인 것과 디오니소스적인 것이 그리스 예술의 양대 원천이라고 정의하였다. 인간은 이성적이고 절제하는 밝은 부분뿐 아니라, 정열, 광기, 분노 같은 어두운 부분도 있다는 것이다. 전자는 아폴론형의 인간이며, 후자는 디오니소스형의 인간이다. 그런데 그리스인들은 그리스 비극으로 양자의 조화를 이루었기 때문에 가장 건강한 문화를 구가하였다고 본 것이다. 비극에서 디오니소스적인 요소는 '합창'이며, 아폴론적인 요소는 '개인의 대사'이다.

그러나 소크라테스 이후 그리스 문화는 균형을 잃고 마침내 건강하지 않은 방향으로 흘렀다.[22]

다른 한편으로, 그리스 극들은 당시의 사회와 정치, 특히 민주정의 발달을 떠나서는 이해하기가 힘들다. 그리스 비극은 합창대와 지휘자 사이의 문답에서 기원하였으므로, 탄생에서부터 강한 공동체 감정이 전제되었다고 볼 수 있다. 비극은 매년 봄 3월 말 혹은 4월 초에 열리는 대(大) 디오니소스 제전을 중심으로 하여 상연되었다. 그러나 이 디오니소스 숭배 자체는 특권계급에 대항하려는 정치적인 의도 아래 권장된 측면이 있었다.[23] 아테네의 클레이스테네스의 민주적 개혁은 기원전 508~507년 사이에 있었는데, 고고학자들은 아테네의 아크로폴리스에 있는 디오니소스 극장도 기원전 약 500년경에 세워졌을 것으로 추정한다.[24]

아테네의 비극은 정치적 산물일 뿐만 아니라, 역으로 민중의 여론 형성 등의 정치적인 환경에 큰 영향을 주는 중요한 요소였다. 아테네에서 극들이 상연되던 극장은 문화적이고 시민적인 삶의 중심지였다. 대 디오니시아는 그 해의 아르콘 의장(에포니모스 아르콘)이 관장하였는데, 그의 가장 중요한 임무 중의 하나는 대 디오니소스 제전시 연극의 스폰서(호레고스)를 지정하는 것이었다. 이는 전쟁시의 국가 운영과 비슷한 정도의 중요성을 띠었다. 아테네의 민주적 생활양식은 투키디데스의 페리클레스 연설문에 나타나듯이 모든 아테네인의 교육에서 비롯되었다. 제대로 교육받지 못한 민중들이 민회에서 연설을 듣는 것은 가장 기본적인 민주정적 활동에 참여하는 것이었고, 비극이 상연되는 극장 또한 민중들이 함께 모여서 관람하고 토론하는 중요한 장소였다. 비극의 특징적인 교육방식은 유추적이며, 간접적이고, 암시적이다. 인기를 끈 극중 대사는 일상생활에서 쉽게 유행했다. 이런 점에서 아테네의 비극작가들은 일종의 '영혼의 교사'로서, 공인된 어휘 및 유행어의 입안자이자, 나아가 공인된 전통의 생산자였다. 플라톤은 '테아트로크라티아(theatrocratia)'라는 재미있는 용어를 만들어내었다. 이는 문자 그대로 '극장(theatro) 청중들의 정치(cratia)'를 의미하는데, 다시 말해 민중들의 독재정치를 말한다.[25]

『문학과 예술의 사회사』를 쓴 하우저에 의하면 비극이야말로 아테네 민주정의 특색과 모순을 가장 선명하게 나타내고 있는 예술이다. 비극은 흔히 과거 전설적 영웅들에게서 소재를 끌어오지만, 개인의 감정이나 사회·정치적 환경을 반영한다. 인간의 원초적 감정과 폴리스의 정치적 필요성이 융합되는 것이다. 『안티고네』에서 독선적인 크레온 왕의 파멸이 그러하다. 독재는 용납되지 않는다. 또 아이스킬로스의 오레스테스 이야기의 제3부 『자비의 여신들』에서는 복수의 여신들이 자비의 여신으로 변하여 아테네의 번영을 기원하면서 끝이 난다. 그 외에도 아테네의 비극작가 프리니코스는 밀레토스 시의 함락 사건을 소재로 한 비극을 만들었다는 이유로 처벌을 받았다. 아테네 사람들에게 아픈 기억을 새롭게 상기시켰기 때문이었다. 여기서 비극은 일종의 정치 희곡이며, 극장은 폴리스가 가진 효과적인 선전 시설이었다고도 할 수 있다.

이렇듯 비극은 개인의 감성(파토스)을 사회적 필요(로고스)와 결합하여 신화(미토스)로 접목시킨 그리스 문화의 종합체라 할 수 있다. 인간이 사는 곳이라면 어디서든 볼 수 있는 불합리한 인간의 갈등을 사실적이고도 예리하게 파헤쳤으므로, 그리스 비극은 시대와 장소를 뛰어넘어 아직도 회자된다고 하겠다.

에필로그

아리스토텔레스가 '인간은 폴리스적 동물'이라고 한 것은 그리스 문화의 실체를 잘 꿰뚫은 말이라고 여겨진다. 그리스 인들의 신화나, 비극이나, 춤, 섹슈얼리티, 생활양식, 예술, 체육 경기는 물론이고 철학까지도 폴리스 문화를 떠나서는 이해할 수 없다. 그리스인의 진정한 신앙의 대상은 폴리스였다고도 표현할 수 있을 정도이다. 이를 어느 정도 거부한 소크라테스는 궁극적 진리가 무엇인가에 대한 답을 선명하게 내놓지는 못하였으나 인간이 사고할 수 있는 한계까지 가보았으며, 진실이란 무엇이며 선이란 무엇인가 하는 문제를 끊임없이 제기하고 끊임없이 검토하는 태도를 보여주었다. 후일 사도 바울이 아테네에 갔을 때에도 그들은 새로운 것을 알고자 하는 끊임없는 열망을 가지고 있었다.

다른 한편 그리스인들은 소크라테스적 이성으로 인식할 수 있는 너머의 신비로운 것, 이론으로 포착하기 힘든 것의 공간도 마련하고 있었고, '알지 못하는 신'을 위한 자리도 마련해 두었다. 신약성서 「사도행전」에 보면 사도 바울이 한번은 아시아 쪽으로 가려 하였으나 성령이 이를 막았다. 대신 꿈에 그리스 쪽 사람이 나타나 이리로 오라고 초청한 뒤 바울은 서쪽으로 선교 방향을 틀었다. 이로써 크리스트교는 점차 서방의 종교로 커가기 시작하였고, 소크라테스적 로고스와 기독교적 로고스가 만나게 되었다.

이러한 질문을 던질 수 있을 것이다. 예수의 죽음 이후 박해로 흩어지게 된 기독교도들은 왜 아라비아나 인도보다 그리스와 로마 쪽으로 대거 오게 되었는가? 혹은 이쪽에서 더욱 살아남게 되었는가? 여러 대답이 있을 수 있겠으나, 많은 배척과 박해를 받았음에도 불구하고, 그리스 문명권이 다른 어느 지역보다도 기독교 전파에 적합한 풍토를 제공하였음은 틀림없다. 그리하여 헬레니즘과 크리스트교 문명은 한편으로는 배타적이면서도 다른 한편으로는 조화를 이루면서 서양 문명의 양대 조류를 이루게 되었다.

주

1) 그리스인들은 미쏘스, 빠쏘스, 로고스라고 발음하지만, 우리에게 미토스나 파토스로 알려져 있으므로 이렇게 표기하였다.

2) 중국의 신화도 매우 다양하지만, 그리스처럼 일찍부터 담론화되거나 전승되지는 못했다. 그리스의 신들이 인간에게 그렇게 우호적이라고 볼 수 없는 데 비해서 중국의 신들이 인간을 도와주고자 애쓰며 노력한다는 점은 재미있는 특징이다.

3) 길을 따라 올라가면서 왼쪽으로는 큰 방(메가론)으로 된 궁전, 독립가옥 등의 터가 있고, 아크로폴리스 주위로는 내문, 비밀문 등이 있다. 아크로폴리스 바깥 가까운 아래쪽에 클리타임네스트라의 묘가 있고, 요즈음 난 차도를 두고 건너편 야산에 아트레우스의 보고(寶庫) - 혹은 아가멤논의 묘 - 가 있다. 이들 묘는 반원형 천장으로 되어 있고, 둘 중 아트레우스의 보고가 더 크다. 아크로폴리스는 큰 돌로 쌓아 만든 성벽으로 둘러져 있는데, 두께는 8m 전후로, 1km 남방까지 이어져 있다.

4) 버날(M. Bernal)은 그리스 고전 문명의 아시아아프리카 기원설을 주장하고 있다. 예컨대 헤로도토스가 그리스 신들의 대부분의 이름은 이집트에서 따왔다라고 서술하고 있듯이, 그리스로마의 신들은 대부분 이집트에서 기원하였다. 그에 의하면 이러한 견해는 헤로도토스나 플라톤을 비롯한 서구인들 스스로 인정하여오다가, 19세기에 이르러 인종주의 특히 아리아종족 중심 이데올로기에 의해 모든 역사가 새롭게 각색됨으로써 마치 그리스 문명이 독자적으로 발달한 것처럼 왜곡되게 되었다. M. Bernal, *Black Athena*, New Jersey, 1987.

5) 에우리피데스의 「히폴리토스」에서는 테세우스가 '바코스의 축제를 거행하다(bakcheuein)'라는 동사를 오르페우스 의식을 가리키는 것으로 사용한다. 흑해 연안에서 발견된 뼈로 된 장식판에도 오르페우스 의식을 바코스 축제의 맥락에서 묘사하고 있다. 혹자는 오르페우스가 박코스 밀의를 만들었다고 한다.

6) 오르페우스교는 보다 철학적이며 절제된 디오니소스주의로, 일신교적 성향이 뚜렷했고, 높은 도덕적 삶을 영위할 것을 권하고

있다. 고전 문헌에서 오르페우스는 처음에는 일종의 샤만적 음악가 및 밀의종교적 신비가로 그려졌고, 이때 아내 에우리디케는 별로 중요하지 않는 역할을 담당하였다. 그러다가 후기에는 점차 아내 에브리디케의 역할이 두드러지며 사랑으로 고통받는 이로서의 오르페우스의 성격이 두드러진다. 2세기경의 클레멘트는 오르페우스와 예수 그리스도의 유사성에 대해 주의하고 있다. 점차 일부 기독교도들은 오르페우스가 그의 죽은 아내 에우리디케를 구하러 지하 세계에 내려간 것을 그리스도가 죽음의 세력으로부터 영혼들을 구하기 위해서 지하로 내려간 것과 비교하기 시작했다. 뱀에게 물려 죽은 에우리디케는 인간의 영혼을 상징하며, 그녀를 물어 죽인 뱀은 사탄이다. 4세기의 기독교사가 에우세비오스도 그리스도와 오르페우스를 비교하였는데, 오르페우스가 그의 음악으로 사나운 짐승들을 길들인 것처럼 예수 그리스도는 인간들을 길들였다는 것이다. 사나운 짐승 속의 오르페우스는 「이사야」 11장의 사자와 양이 뛰노는 평화로운 왕국의 그리스도의 원형으로 여겨졌다. 그리하여 카타콤베에서도 악기를 지닌 오르페우스 혹은 동물들과 함께하는 오르페우스의 그림이 그려졌고 2세기경의 것으로 추정되는 그림에는 십자가에 달린 사람 밑에 오르페우스의 이름이 적혀 있기도 했다. 그래서 순교자 유스티누스는 사탄이 예수 그리스도를 의심하게 하기 위하여 오르페우스-디오니소스교를 만들었다고 하면서, 그러나 십자가만은 사탄도 흉내내지 못하였다고 하였다. Just. *Apologia*, I, 54

7) Diodoros Siculus, IV, 5,2; Aelius Aristides, *Dionysos* 7.

8) 에우리피데스의 디오니소스 신에 대한 비극집 『바코스의 신도들』에서 디오니소스는 황소의 모습을 한 신 혹은 황소의 뿔을 가진 신으로 묘사되고(*Bacchanals*, 1017, 918, 100; Cf. *Ibid*, 1150), 플루타르코스도 그리스인들이 디오니소스 신을 황소의 모습으로 표현한 조각품들을 많이 만들었다고 기록하고 있다. Plutarchos, *Isis & Osiris*, 35; Cf. Strabon, *Geographia*, 10.

9) 디오니소스 밀의의식과 관련하여 공통적으로 보이는 모습이 있다. 바로 체광주리이다. 머리에 베일을 쓴 후보자가 역시 베일로 덮인 체광주리를 들고 있으며, 후보자 뒤에는 모조 남근과 과일을 담은 '리크논(iknon, 넓은 광주리)'이 나온다. 체광주리의 의미는, 곡물이 키질을 통해 깨끗해지듯이 사람들이 밀

교의식을 통해서 정화된다고 믿었기 때문으로 추정된다. 이것
은 이시스가 죽은 오시리스의 몸조각들을 체에 담았던 이유이
기도 하다. 리크논은 아기의 요람처럼 부활의 의미를 담은 듯
하다. 의식이 끝난 뒤 입교자들은 티아소스로 불렸다. 입교에
는 여러 단계의 게시가 있었다. 어떤 경우는 네오판트, 테오판
트, 오르기오판트 등 무려 26단계의 등급이 있었다.

10) 델포이를 중심으로 열리던 피티아 제전은 아폴론 신이 뱀 괴
물 피토를 죽인 것을 기념하여 열렸다고 알려져 있다. 음악
축제를 원형으로 하여 처음에는 8년마다 한 번씩 열리다가
582년경부터는 매4년마다 한 번씩 열렸다. 올림피아 경기가
열리는 해를 기준으로 3년째 되는 해에 열렸는데, 음악 경기,
문학 경연과 함께 체육 경기도 벌어졌고, 시, 산문 등이 읊어
졌다. 상은 템프 계곡의 월계수관이었다. 이스트미아 축제는
포세이돈을 기려서 코린트의 이스트무스에서 벌이는 것이
다. 이는 581년경부터 매2년마다 올림피아 해의 첫해와 3년
째 되는 해에 열렸다. 경기들은 다양한 체육 경기이며 상은
솔가지 혹은 마른 샐러리관이었다. 네메아 경기의 기원은 헤
라클레스가 네메아 지방의 사자를 죽인 것을 기념하여 제정
되었다고 한다. 혹은 테베를 원정하러 가던 7인의 용사와 한
아기의 죽음을 기념하여 제정되었다고도 한다. 기원전 573년
제정되어 올림피아 경기의 매 2년째와 4년째 열렸고 주로 소
년 체전이 중심이었고 상은 야생 샐러리관이었다.

11) 주의할 것은 고대 그리스의 근친상간의 개념은 오늘날 우
리와는 다르다는 점이다. (이복 혹은 이부) 형제간에도 결
혼을 하고 또 삼촌과 질녀 간에도 결혼을 하였다. 이는 근
친상간의 개념에 들어가지 않는다.

12) 고대 교육의 커리큘럼과 프로그램은 영육이 아름다운 조화로
운 인간의 육성에 초점을 두고, 구체적으로는 무시케(musike),
문학, 신체 단련을 중심으로 형성되었다. 오늘날과 그리스 시
대 교육의 가장 큰 차이는 조직이라기보다 내용, 특히 신체 교
육에 있었다고 볼 수 있다. 7세에서 16세 사이는 교육 시간의
절반 이상을 김나시온의 팔레스트라(palaistra)에서 보냈다. 김
나시온은 중심에 훈련장 팔레스트라가 있었고, 지붕이 덮인
통로가 직사각형을 중심으로 나 있었으며, 오일과 마사지실로

사용되는 여러 방 그리고 넓은 휴게실인 엑세드라 등의 구조로 이루어져 있었다. 최혜영, 「'아테네형' 교육과 '예루살렘형' 교육의 비교 연구」, 『서양사론』 74호(2002) 참조.

13) 그리스인들은 성적인 욕망을 시각적 아름다움에 대한 반응으로 보았는데, 성욕은 단순히 욕망이라 불렸고, 어떤 특정한 대상에 대한 집착적인 성욕은 에로스라고 불렀다. 기원전 5세기 말 프로디코스는 에로스를 이중적 욕망으로 불렀고, 이중적 에로스는 광기(mania)로 불렀다. 에로스는 필리아(philia)를 낳는데, 필리아는 더 부드러운 애정의 단계를 가리켰다.

14) 할페린(D. Halperin)에 의하면 동성애는 'sexuality'를 전제로 하는데, 'sexuality'는 그 자체가 근대의 고안물이다. 고대인들은 인간이 각자의 'sexuality'에 의해 개별화된다거나 인간성의 자질이 좌우된다는 개념 자체가 형성되어 있지 않았으므로 동성애와 이성애의 구별도 없었다. 그러므로 동성애라는 개념은 18세기 이래 개인의 생식 기능이 공적으로 통제되면서부터 나타나기 시작한 개념이라고 본다. D.M. Halperin, "The Social Body and the Sexual Body", *Sex and Difference in Ancient Greece and Rome,* Eds. M Golden & P. Toohey, Edinburgh University Press, Edinburgh, 2003; D.M. Halperin, "Forgetting Foucault: Acts, Identities, and the History of Sexuality", eds. M.C. Nussbaum, J. Sihvola, *The Sleep of Reason,* The University of Chicago Press, Chicago, 2002, pp.21-54.

15) 코헨은 프리차드의 논문 「아잔데 부족의 성적(性的) 자리바꿈 Sexual Inversion among the Azande」을 인용하여 아테네 사회와 비교한다. 아잔데의 전사 사회는 남자의 결혼 연령이 아테네처럼 늦어 이십대 말에서 삼십대이다. 여자들을 접촉하기 힘들고 늘 위험이 도사리고 있는 사회에서 그들의 성적 욕구 해소의 대안은 남자들끼리 결혼하는 것이다. 이들은 복무 기간 동안 남편과 아내로 불리다가 군사적 의무를 끝내고 자기 고향으로 돌아오면 정상적으로 돌아와 결혼하여 가부장으로서의 남자의 역할로 되돌아온다. 물론 아테네 사회와 차이도 있다. 아테네의 동성애는 꼭 성적인 욕구를 채우려는 것만은 아니었다. 노예라든가 매춘이라든가 하는 다른 방법으로 쉽게 성적 욕구를 채울 수 있었기 때문이다. D. Cohen,

"Homosextuality in Classical Athens", M Golden & P. Toohey, eds., *Sex and Difference in Ancient Greece and Rome,* Edinburgh University Press, Edinburgh, 2003.

16) Plato, *Nomoi,* 836-841; 836c. 그러나 플라톤은 남자 사이의 보다 플라토닉한 연모관계를 권장한다. 플라톤은 양친과 자녀 사이의 관계나 학교의 교사나 학생 사이의 관계보다도 두 연인 사이의 '파이데라스테이아(paiderasteia)'가 진정한 교육적 역할을 하였다고 말한다. 그들에게 교육, 파이데이아(paideia)는 본질적으로 심원하고 친밀한 관계, 젊은이와 나이 든 사람 사이의 인간적 유대를 의미했다. 이때 젊은이는 모델로 삼을 만한 연장자를 그의 가이드로 삼았으며, 서로 정열의 불길을 간직하는 관계를 유지했다. 이 경우 스승과 제자는 연인관계로 있었고, 교육이란 원칙적으로 기교적인 가르침이나 교수보다는 이러한 연인 사이의 열정에 의거한 분발에 달려 있었다.

17) 이른바 '소크라테스 문제'란 소크라테스 본인이 아무 저술도 남기지 않는 상황에서, 플라톤의 저서에 나타난 소크라테스가 어느 정도 진짜 소크라테스적이었나 하는 문제이다. 즉, '플라톤적 소크라테스'와 '소크라테스적 소크라테스'의 여부이다. 절충적으로 보는 입장이 널리 수용되고 있고, 후기 작품으로 갈수록 '플라톤적 소크라테스'가 강하게 나타난다고 인정된다. 여하튼 우리가 소크라테스에 대해서 아는 바는 플라톤, 크세노폰, 아리스토텔레스의 사료나 비문, 조각품 등을 통해서이다.

18) 그리스인들의 일상적 의식 속에서 그리스인의 이상은 육체와 영혼의 조화와 완전함을 포함하고 있다. 그리스인에게 선이란 아름다운 것이었다. 그리스인은 아름다움을 위해서 귀족 가문, 부, 명성 등을 함께 추구하였다. 조화는 영혼과 육체와 주변 여건과의 조화를 뜻한다. 아레떼의 개념은 신체적 건강과 강함, 부유함이나 친구 같은 외적 선의 소유까지도 포함하며, 강자가 약자를 희생시키는 것은 공공연히 용인된다. 이상의 추구는 자연히 특권 계급에 국한되었다.

19) I. Nielsen, *Cultic Theatres and Ritual Drama,* Aarhus Univ. Press, 2002. pp.9-22, 69-88.

20) 겉으로 보기에 프랑스 17세기 고전 연극은 라신의 『이피게네이아』『페드라』『안드로마케』 등과 같이 고대 그리스 신화

91

의 주제와 고대 아리스토텔레스의 비극 양식을 그대로 모방한 듯하지만, 본질적으로는 고대 그리스인들이 가졌던 신과 영웅 지향성을 공유하지 않았기 때문에 서로 같지 않다.

21) 19세기 베르나이스(J. Bernays)는 두 가지의 카타르시스－종교적 의식으로서 속죄한다는 의미의 카타르시스와 의술로서 병을 고친다는 의미로서의 카타르시스－에 대해서 언급하고 있다. 아리스토텔레스의 카타르시스 역시 종교적인 속죄로서의 카타르시스 혹은 히포크라테스적 치료의 방법으로 감정적인 불안의 동종요법으로서의 카타르시스, 그리고 '계몽적인' 의미를 띤 카타르시스로 해석되고 있다. 사실 카타르시스란 말은 아리스토텔레스보다 플라톤이 훨씬 자주 사용한다. 플라톤이 쓰는 카타르시스의 뜻은 엔트랄고에 의하면 다섯 개의 뜻을 가진다. 곡식을 체로 거르듯이 깨끗하게 하는 의미, 종교적인 의미의 정화, 히포크라테스적인 치유법으로 질병을 야기하는 불결함에서 몸을 깨끗하게 하는 것의 의미, 죽은 뒤 육신과 분리된 상태의 영혼의 정화를 의미한다. 마지막 다섯 번째의 카타르시스는 불결함을 제거함으로써가 아니라 혼란한 데에 새로운 질서를 도입하는 의미로서의 카타르시스이다. 그 결과 무지와 해로운 몽상은 사라지고 새로운 질서와 온전함이 자리 잡게 되는 교육적인 카타르시스이다. S.G. Salkever, *Tragedy and the Education of the Demos: Aristotle's Response to Plato, Greek Tragedy and Political Theory*, Univ. of California Press, 1986. pp.283ff.

22) 니체에 의하면 '미학적 소크라테스주의'는 '아름다운 것은 지(知)'라는 법칙을 가지므로, '소크라테스적 예술'에는 신비로운 것, 이론으로 포착하기 힘든 것을 위한 공간은 없다. 예술의 영역에까지 지나치게 이성을 중시함으로써 고대 그리스적 삶, 그리스적 본질의 파괴자가 되었다. 이런 점에서 소크라테스는 디오니소스의 대립자이다. 니체에 의하면 소크라테스와 함께 에우리피데스도 비극의 원천인 디오니소스를 제거하고자 하였다. 에우리피데스는 소크라테스보다 열 살 위였는데, 소크라테스는 에우리피데스의 작품에 함께 참여하였다고 한다. 에우리피데스는 아폴론도 디오니소스도 아닌 소크라테스라는 새로운 신령의 말을 전하는 하나의 가면에 불과했다.

23) 코린트 근처의 폴리스 시키온의 참주 클레이스테네스가 디오

니소스 숭배를 정식으로 인정했던 것이 귀족계급의 아드라토스 숭배를 밀어내기 위한 정치적 책략이었듯이, 페이시스트라토스가 장려한 디오니소스 제전도 정치적 요소가 종교적 요소보다 훨씬 중요했다. 물론 이들은 민중 속에 있던 순수한 종교 감정이나 종교적 요구에 부합되었기 때문에 성공할 수 있었다.

24) 여기서의 디오니소스는 엘레우시스의 디오니소스였다. 엘레우시스는 아티카와 테바이가 있는 보에오티아 지방의 경계에 있었다. 이로써 아테네는 보에오티아 쪽 국경으로부터 든든한 우방을 얻게 되고 서로 결속도 다질 수 있었다. 라틴 지역의 디오니소스의 이름이 한편으로 리베르(Liber), 즉 자유였다는 점과 엘레우시스의 이름이 자유라는 뜻임을 간과해서는 안 된다. 자유와 민주주의와 비극은 함께 발전해온 동반자들이었던 것이다.

25) Plato, *Nomoi*, 701b, 817a; *Politeia*, 492 b-c. 비극을 싫어한 플라톤과 비극을 최고의 문학적 장르로 본 아리스토텔레스의 관점 차이는 민주정에 관한 정치적 견해의 차이에서 나타난다. 『국가론』 제10권에서 소크라테스의 입을 빈 플라톤은 비극작가들은 자기가 무엇을 모방하는지조차 모르는 모방자라고 주장하며, 이러한 모방은 진지하지 못한 것이라고 비판한다. 플라톤에 의하면 모방은 말려야 하는데, 오히려 물을 주고 키워서 우리의 지배자로 삼는다. 법과 이성 대신 드라마가 주는 즐거움과 괴로움이 왕 노릇을 하게 만든다는 것이다. 또한 무엇보다도 비극은 민중 회합에 의존하므로 절대로 올바른 기능을 수행하지 못하며, 여론 형성에 거짓된 진실함을 준다고 본다. 상상력을 이용해 모방하는 시는 실제와는 거리가 먼데다가, 감정적인 호소력까지 있으므로 이성의 권위를 침해할 위험이 도사리고 있다고 생각하였던 것이다. 이러한 플라톤에게 민주정은 참주정 다음으로 나쁜 것이다. 그러나 아리스토텔레스는 과두정보다도 민주정을 선호한다. 가끔은 군중들(ochlos)이 개인보다 더 잘 판단하는데, 왜냐하면 다수가 소수보다 덜 부패하는 경향이 있고 분노나 실수에 덜 좌우되기 때문이다. P. Cartledge, "'Deep plays' : theatre as process in Greek civic life"; Plato, *Nomoi*, 817a.

참고문헌

C. Kerényi, *Dionysos*, London, 1976.

E. Hamilton, *The Greek Way*, NY, 1993.(rev.)

I. Nielsen, *Cultic Theatres and Ritual Drama*, Oxford, 2002.

W. Burkert, *Structure and History in Greek Mythology and Ritual*, California, 1979.

J. Camp and E. Fisher, *The Ancient Greeks*, London, 2002.

J.E. Harrison, *Prolegomena*, Princeton, 1991.

J.N. Bremmer, *Greek Religion*, Oxford, 1994.

L. Adkins & R.A. Adkins, *Life in Ancient Greece*, Oxford, 1997.

M. Golden & P. Toohey, eds., *Sex and Difference in Ancient Greece and Rome*, Edinburgh, 2003.

M.C. Nussbaum, et al., *The Sleep of Reason*, Chicago, 2002, NY, 1971.

M.P. Nilsson, *Minoan-Mycenaean Religion and its Survival in Greek Religion*, NY, 1971.

M.P. Nilsson, *The Dionysiac Mysteries of Hellenistic and Roman World*, NY, 1975.

Orpheus, *The Metamorphoses of a Myth*, ed. J. Warden, Toronto, 1982.

P. Cartledge, *The Spartans*, NY, 2003.

P.E. Easterling, *Greek Tragedy*, Cambridge, 1997.

R. Barrow, *Sparta*, London, 1979.

S.G. Salkever, "Tragedy and the Education of the Demos : Aristotle's Response to Plato", *Greek Tragedy and Political Theory*, California, 1986, Ch. 11.

S.G.F. Brandon, *Religion in Ancient History*, London, 1969.

T.K. Hubbard, ed., *Homo sexuality in Greece and Rome*, California, 2003.

The Oxford History of Greece and the Hellenistic World, Oxford,

2001.(reissued)

A. 하우저, 백낙청 옮김, 『문학과 예술의 사회사』(고대, 중세편), 창작과비평사, 1976.

G.L. 디킨슨, 박만준·이준호 옮김, 『그리스인의 이상과 현실』, 서광사, 1989.

H.D.F. 키토, 김진경 옮김, 『그리스 문화사』, 탐구당, 1984.

W.K.C. 거드리, 박종현 옮김, 『희랍 철학 입문』, 종로서적, 1992.

고트프리드 마르틴, 이강서 옮김, 『소크라테스』, 한길사, 2004.

김진경, 『지중해 문명 산책』, 지식산업사, 2001.

레이 탄나힐, 김광만 옮김, 『성의 역사』, 김영사, 1982.

한윤희 편저, 『고대 그리스의 무용 문화』, 대한미디어, 1995.

그리스 문명

초판발행 2004년 7월 30일 | 2쇄발행 2008년 4월 25일
지은이 최혜영
펴낸이 심만수 | 펴낸곳 (주)살림출판사
출판등록 1989년 11월 1일 제9-210호

주소 413-756 경기도 파주시 교하읍 문발리 파주출판도시 522-2
전화번호 영업 · (031)955-1350   기획편집 · (031)955-1357
팩스 (031)955-1355
이메일 salleem@chol.com
홈페이지 http://www.sallimbooks.com

ISBN 89-522-0271-6 04080
        89-522-0096-9 04080 (세트)

값 3,300원